JVFG
Jüdischer Verlag
für Gemeindeliteratur

Zum Jüdischen Jahr – Band 1

OMER-KALENDER

49 MEDITATIONEN ZU SPIRITUELLEM WACHSTUM

Hana Gross

JVFG
Jüdischer Verlag
für Gemeindeliteratur

© 2023 Hana Gross
Published by JVFG
Den Verlag erreichen Sie im Internet unter:
www.jvfg.eu

Satz und Druckvorlage: Dr. Annette M. Boeckler
Umschlaggestaltung: Dr. Annette M. Boeckler
Herstellung und Vertrieb: BoD, Norderstedt

Bibliographische Information
der Deutschen Nationalbibliothek:
Die Deutsche Nationalbibliothek verzeichnet diese
Publikation in der Deutschen Nationalbibliographie;
detaillierte bibliographische Daten sind im Internet
über https://dnb.de abrufbar.

ISBN (Pbk) 978-3-949819-21-6

הִנְנִי מוּכָן וּמְזוּמָּן לְקַיֵּיס מִצְוַות עֲשֵׂה
שֶׁל סְפִירַת הָעוֹמֶר כְּמוֹ שֶׁכָּתוּב בַּתּוֹרָה

וּסְפַרְתֶּם לָכֶם מִמָּחֳרַת הַשַּׁבָּת
מִיּוֹם הֲבִיאֲכֶם אֶת־עֹמֶר
הַתְּנוּפָה שֶׁבַע שַׁבָּתוֹת
תְּמִימֹת תִּהְיֶינָה: עַד
מִמָּחֳרַת הַשַּׁבָּת הַשְּׁבִיעִת
תִּסְפְּרוּ חֲמִשִּׁים יוֹם

Omerkalender, Deutschland 19. Jh.

HINENI MUCHAN UM'SUMAN
LE-KAJEM MITZWAT ASSE
SCHEL SEFIRAT HA-OMER
KEMO SCHE-KATUW BATORAH:

Siehe, ich bin bereit und konzentriert, die Mitzwa des Omer-Zählens zu er- füllen. Wie in der Torah geschrieben: »Ihr zählt alsdann vom anderen Tag des Feiertags, von dem Tag, an dem ihr das Omer dargebracht habt, sieben ganze Wochen Bis auf den Tag nach der siebten Woche zählt ihr fünfzig Tage…«

(3. Mose 23,15–16)

Inhalt

Einleitung

Omer-Zählen bedeutet wörtlich »Garbenzählen«. In der Torah wird uns im 3. Buch Moses 23,10 geboten: »Wenn ihr in das Land kommen werdet, das ich euch geben will, und Ernte halten werdet, dann sollt ihr ein Omer, die Erstlinge eurer Ernte, dem Priester bringen«. Einige Verse später heißt es im 3. Buch Moses 23,15-16: »Ihr zählt alsdann vom anderen Tag des Feiertags, von dem Tag, an dem ihr das Omer der Wendung dargebracht habt, sieben ganze Wochen. Bis auf den Tag nach der siebten Woche zählt ihr fünfzig Tage und bringt dann neue Speiseopfer dem Ewigen zu Ehren«. Auch wenn der Tempel schon lange nicht mehr steht und wir dem Ewigen keine Getreide-Opfer mehr bringen, ist doch das Zählen geblieben. Beim Zählen der Tage sind wir nach der Halacha aufgefordert, nicht nur im Kopf zu zählen, sondern bewusst, stehend und laut, damit wir die volle Bedeutung dessen, was wir tun, erfassen können. Wir zählen immer nach Einbruch der Dunkelheit Omer, vom zweiten Tag Pessach bis zur Nacht vor Schawuot, sieben Wochen, 49 Tage, in denen wir die Chance haben, uns aus der inneren Sklaverei auf die Freiheit, die mit der Gabe der Torah an Schawuot kommt, vorzubereiten. Sollten wir einmal vergessen, am Abend zu zählen, so können wir dies am nächsten Morgen nachholen, dann jedoch ohne die Bracha zu sagen. Am Abend zählen wir dann wie gehabt mit Bracha weiter.

Stehend sagen wir die *B'racha*:
> *Baruch Ata Adonai Eloheinu Melech haolam,*
> *asher kidschanu bemitzwotav wetziwanu al sefirat haomer.*

Während der ersten sechs Tage soll man sagen:
> Heute ist der erste/zweite/....sechste Tag des Omer.

Vom siebten Tag an sind wir gehalten,
neben den Tagen auch die Wochen zu nennen:
> Heute ist der fünfzehnte Tag,
> das sind zwei Wochen und ein Tag des Omer.

Sieben Wochen lang, vom 16. Tag des hebräischen Monats Nissan, bis zum 5. Sivan, haben wir die Chance, Zeit bewusst wahrzunehmen und zu gestalten und dies auch als Ausgangspunkt zu nehmen, um über unseren Umgang mit unserer Lebenszeit generell zu reflektieren. Vergangene Zeit lässt sich nicht zurückholen oder ersetzen, es spielt daher eine große Rolle, wie wir mit ihr umgehen. Diese Zeit kann für uns auch, ähnlich dem großen Frühjahrsputz, der in vielen jüdischen Haushalten vor Pessach üblich ist, zu einer Art seelischem Frühjahrsputz werden, eine Zeit, die wir uns bewusst Zeit nehmen, um uns auf das Wesentliche konzentrieren zu können: einander mit Respekt zu behandeln.

Um diese innere Reise zu verbildlichen und uns zu ermöglichen, uns auf bestimmte charakterliche Aspekte zu konzentrieren, wird diese Reise anhand der *Sefirot*, der göttlichen Energien, aus denen der jüdischen Mystik zufolge das Universum und der menschliche Geist bestehen, dargestellt. Jede dieser Energien steht auch für ein Attribut Gottes, dem wir in unserem Alltagsleben nacheifern sollten. Diese Zentren spiritueller Energie pulsieren auch in unserem Körper. Dabei hat jedes Zentrum, jede *Sefirah* ihre eigene, ganz spezielle Energie und einen eigenen Charakter und ist jeweils einem Körperteil oder einem Bereich unseres Körpers zugeordnet. Die *Sefirot* sind miteinander über ein feines System von Verästelungen verbunden. Dieses System nennt man auch den Lebensbaum *Etz Chaim*. Der Lebensbaum stellt ein mystisches Konzept der Erschaffung der Welt dar, in dem sich Gottes Präsenz in der Welt nach und nach durch die zehn *Sefirot* entfaltet. Die drei höheren *Sefirot* – Keter, Chochma und Binah – spielen für das Zählen des Omers keine Rolle, da sie für uns so schwer fassbar sind, dass wir nicht direkt mit ihnen arbeiten können. In den nächsten sieben Wochen steht jeweils eine der sieben niederen *Sefirot* im Mittelpunkt, wobei jeder Wochentag jeweils wieder einer

Sefirah zugeordnet ist. Wir haben also pro Tag zwei *Sefirot* in einer immer anderen Zusammensetzung. Das Thema des Tages ergibt sich jeweils aus dem Zusammenspiel dieser beiden *Sefirot:* der *Sefirah* der jeweiligen Woche und der *Sefirah* des betreffenden Tages.

Jede Tag–Seite in diesem Buchs beginnt mit der *Bracha* des Omer-Zählens, gefolgt von einem kurzen Impuls zum jeweiligen Thema des Tages. Die Angabe des hebräischen Datums kann uns helfen, die ursprüngliche Bedeutung des Brauchs im Bewusstsein zu behalten. Wer das Tagesthema vertiefen möchte, findet am Ende jedes Abschnitts Fragen zur Vertiefung. Das Omer-Zählen endet mit einer Schawuot-Meditation (siehe QR Code auf Seite S. 139).

Für mich persönlich ist das Omer-Zählen über die Jahre zu einem festen Bestandteil des Jahres geworden. Ich finde es besonders schön zu sehen, wie die Natur jeden Tag nach der langen dunklen Jahreszeit wieder erwacht und sich entfaltet. Am Ende dieser Zeitspanne hat sich die äußere Welt komplett verwandelt und ist von kahl und grau zu grün und blühend geworden. In ähnlicher Weise kann sich auch unsere Seele während des Omer-Zählens jeden Tag ein bisschen mehr verwandeln und entfalten, wobei dieser Prozess, solange wir leben, nie endgültig abgeschlossen ist. In der Beschäftigung mit dem Thema habe ich einen anderen Blick auf das Phänomen Zeit gewonnen. Oft denken wir, wir haben noch viel Zeit um etwas, das uns wichtig ist, zu erledigen. Dem ist jedoch nicht so. Wie wir in den folgenden Wochen immer wieder sehen werden, ist die Zeit, um etwas zu tun, immer nur Jetzt und nicht morgen. Wir haben jeweils nur die Verfügung über den einen heutigen Tag, das Gestern ist bereits Vergangenheit und kann nicht mehr geändert werden, das Morgen liegt in der Zukunft und ist uns gleichermaßen unzugänglich. In diesem Sinne wünsche ich uns eine bewusste Reise durch die 49 Tage des Omer-Zählens.

Hana Gross

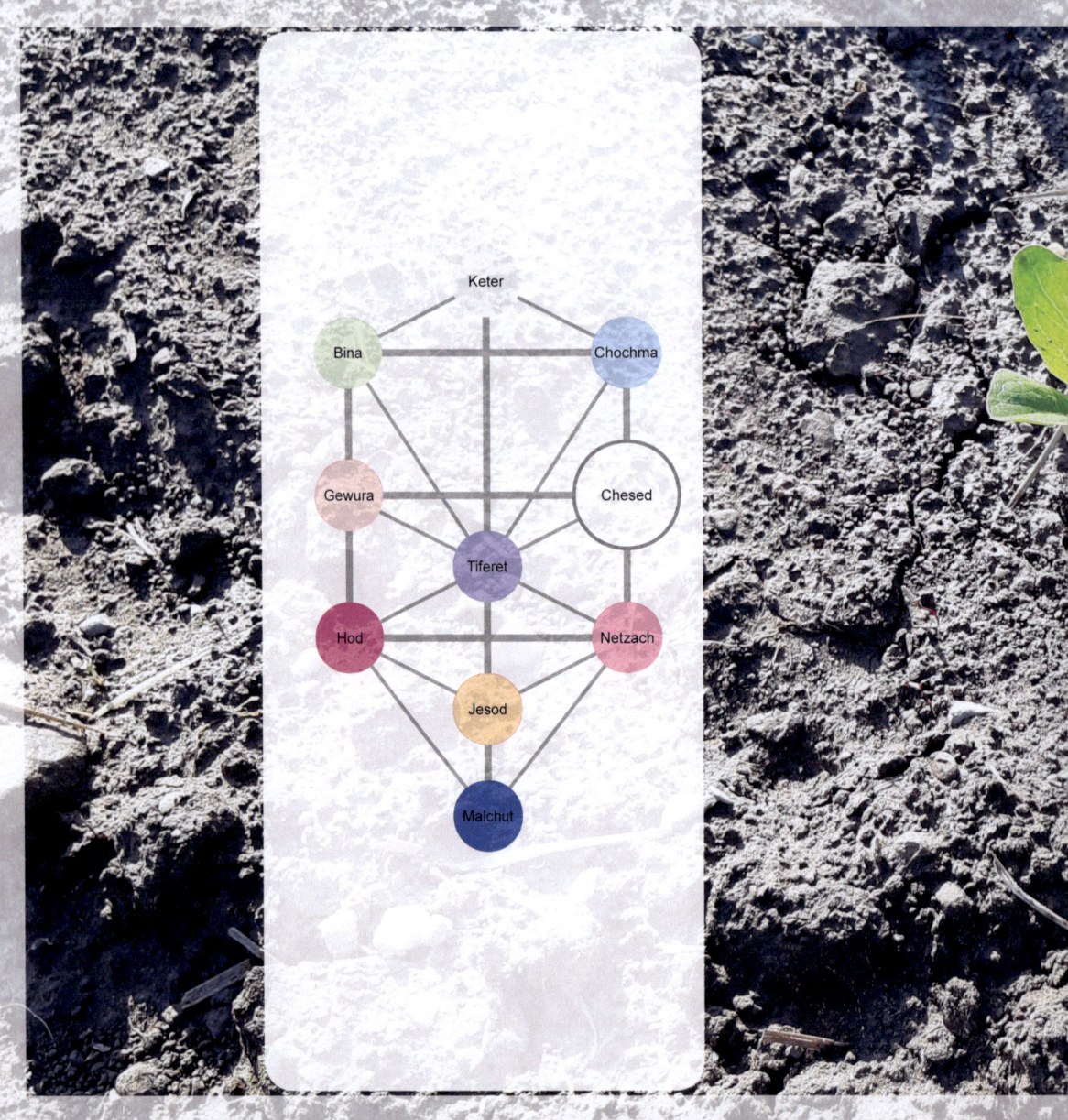

חמד

1

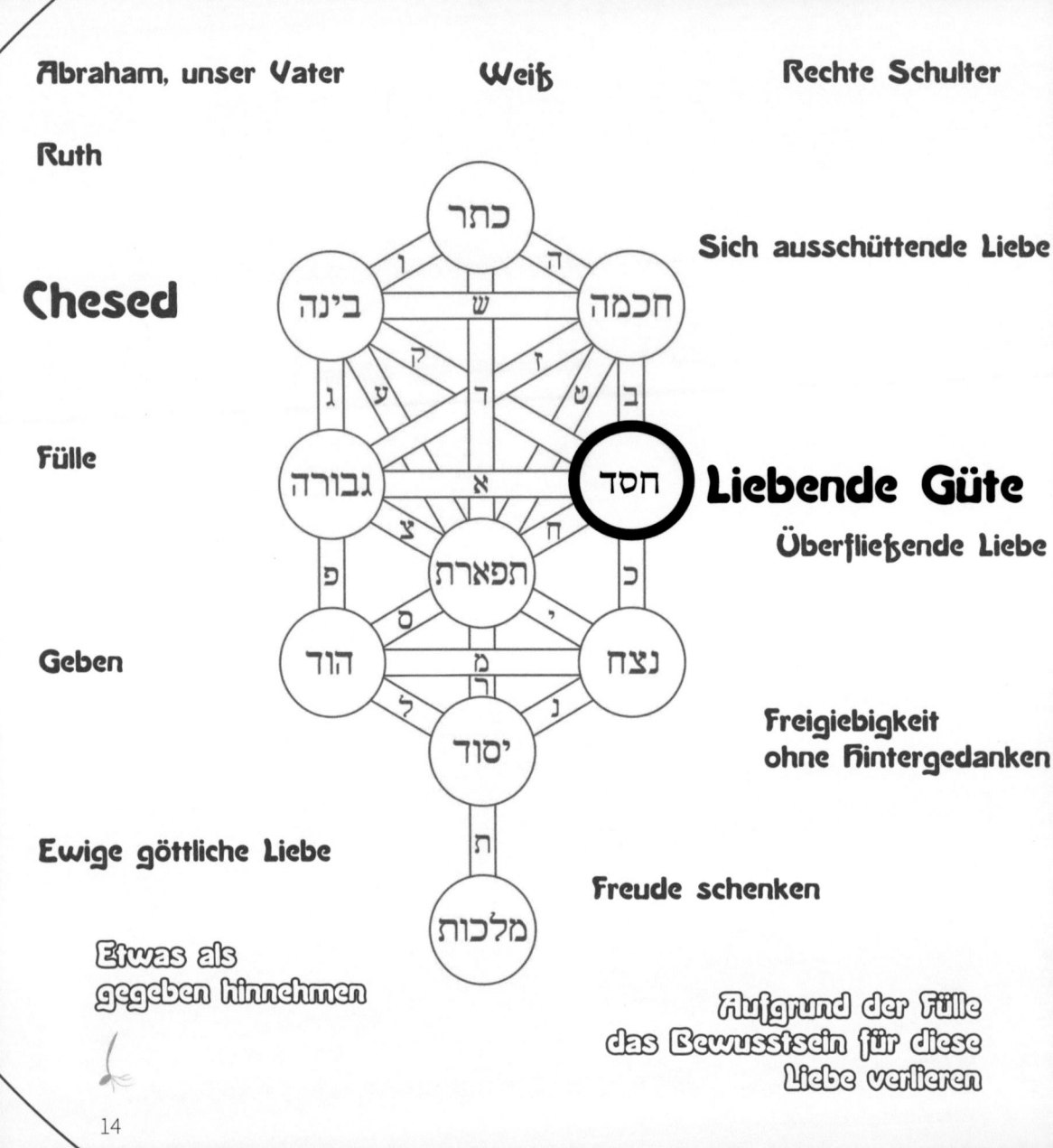

Abraham, unser Vater

Weiß

Rechte Schulter

Ruth

Chesed

Fülle

Geben

Ewige göttliche Liebe

Etwas als
gegeben hinnehmen

Sich ausschüttende Liebe

Liebende Güte

Überfließende Liebe

Freigiebigkeit
ohne Hintergedanken

Freude schenken

Aufgrund der Fülle
das Bewusstsein für diese
Liebe verlieren

Chesed

Das Omer-Zählen beginnt mit der *Sefirah Chesed*. Oft wird sie vereinfachend mit »liebende Güte« übersetzt. *Chesed* ist die wie Wasser ständig fließende göttliche Liebe, sie steht für neue Möglichkeiten, die sich uns eröffnen, Liebe ohne Hintergedanken. *Chesed* steht auch für tätige Liebe, die *Sefirah* steht für die Art und Weise, wie wir uns der Welt gegenüber zeigen, wie wir anderen unsere Liebe zeigen.

Chesed steht auch für den Akt des Gebens innerhalb einer Beziehung. Im Buch Ruth, das wir an Schawuot lesen, erfahren wir von einer solchen Beziehung zwischen Ruth und ihrer Schwiegermutter Naomi, in der *Chesed* eine zentrale Rolle spielt. Im Midrasch, der rabbinischen Schriftauslegung (Ruth Rabba 2:13) sagt Rabbi Se'ira dass das Buch Ruth weder etwas zu den Themen Reinheit oder Unreinheit enthält noch dazu, was im Judentum erlaubt oder verboten ist. Auf seine selbstgestellte Frage, aus welchem Grund es dann geschrieben wurde, antwortet er: Es soll uns zeigen, wie groß der Lohn für die guten Taten ist, die aus dem Geist von *Chesed* – überfließende Liebe –, getan wurden. Ruth tat all das, was sie für Naomi tat, aus *Chesed*, ohne eine Gegenleistung zu erwarten. Durch ihre Taten hat es Ruth nicht nur verdient, dass ein biblisches Buch nach ihr benannt wurde; zu ihren Nachkommen zählt auch der Verfasser der Psalmen: König David.

Der innere Aspekt von *Chesed* ist, wie wir mit uns selbst umgehen, ob wir uns selbst vergessen, wenn wir anderen geben, oder ob wir gleichermaßen auch auf uns selbst achten. Die jetzt beginnende Woche gibt uns die Möglichkeit, uns der liebenden Gegenwart Gottes in der Welt bewusst zu werden, die sich auf vielerlei Art im Alltag niederschlägt und die wir erfahren können.

Die jüdische Mystik lehrt uns, dass alles, was wir auf der Erde tun, eine Auswirkung in den höheren Sphären hat. Wenn wir uns anderen in tätiger Liebe zuwenden, hat dies eine Auswirkung, einen Widerhall in den höheren Welten. So wie wir am Sederabend aufgefordert werden, uns zu fühlen, als wären wir persönlich aus Ägypten befreit worden, so sind wir auch ganz persönlich aufgefordert, *Chesed* in unserem Leben umzusetzen. Was auch immer für uns persönlich Sklaverei/Ägypten bedeutet, indem wir *Chesed* in die Welt bringen, können wir schätzen lernen, was wir haben und von dem Ort der Sklaverei befreit werden.

TAG 1 DES OMER-ZÄHLENS, 16. NISSAN

Baruch ata Adonai,
eloheinu melech haolam,
ascher kideschanu bemitzwotaw
wetziwanu al sefirat haomer.

Hajom jom echad laomer.

בָּרוּךְ אַתָּה יְיָ אֱלֹהֵינוּ מֶלֶךְ הָעוֹלָם,
אֲשֶׁר קִדְּשָׁנוּ בְּמִצְוֹתָיו,
וְצִוָּנוּ עַל סְפִירַת הָעֹמֶר.

הַיּוֹם יוֹם אֶחָד לָעֹמֶר.

Gelobt seist du, Ewiger, unser Gott,
der uns durch seine Gebote geheiligt hat
und uns aufgetragen hat, die Tage der Omerzeit zu zählen.

Heute ist der erste Tag der Omerzeit.

SEFIRAH DES TAGES
Chesed schebe Chesed

Liebende Güte in liebender Güte

חסד שבחסד

Heute ist der erste Tag unserer Reise, der erste Tag der Freiheit nach dem Auszug aus Ägypten. Die nächsten 49 Tage werden wir uns innerlich darauf vorbereiten, an Schawuot die göttliche Offenbarung zu empfangen. So wie mit jeder Reise, die wir beginnen, wissen wir nicht genau, was wir unterwegs alles erleben werden. Die Beschäftigung mit den *Sefirot* und den Qualitäten, für die sie stehen, kann uns helfen, für das offen zu werden, was wir an Schawuot empfangen können. Was genau die göttliche Offenbarung für uns sein wird, ist für jeden von uns und von Jahr zu Jahr verschieden.

Die erste *Sefirah*-Kombination unserer Reise ist *Chesed schebe Chesed*. Zu Beginn steht die überfließende Liebe, die wir uns oft wünschen, aber genauso oft nicht trauen anzunehmen, da wir uns dadurch verletzlich machen. In der jüdischen Liturgie wird für die Liebe, die mit *Chesed schebe Chesed* gemeint ist, der Ausdruck *Ahawat olam* »ewige Liebe« verwendet, eine Liebe die Gott uns über Zeit und Raum hinaus bedingungslos schenkt. Als Empfänger dieser Liebe sind wir jedoch auch angehalten, sie weiterzugeben, daher wird die *Sefirah Chesed* auch in der rechten Schulter lokalisiert. Die rechte Hand ist für viele von uns die stärkere Hand, die wir nutzen, um für andere tätig zu werden. In der Torah lebt uns Abraham *Chesed* vor. Er zeigt uns, was es bedeutet, sich mit Hingabe um Gäste zu kümmern, und, indem er mit Gott diskutiert, das Leben der Menschen in Sodom zu schonen, er zeigt uns auch, dass wir das Leben der anderen schätzen sollten. Auf unsere heutige Situation übertragen, könnte dies bedeuten, uns für andere einzusetzen, wenn etwa ihr Ruf auf dem Spiel steht oder wenn es ihnen anderweitig schlecht geht.

Satz des Tages: Weil wir die überfließende göttliche Liebe geschenkt bekommen, sind wir aufgefordert, sie an andere weiterzugeben.

Zum Nachdenken: Die *Sefirah* des Tages lädt mich ein, mir Abraham als Vorbild zu nehmen und mich jemandem zu geben, ohne Hintergedanken, spielerisch und mit Leichtigkeit. Das Geschenk kann etwas Materielles sein, es kann aber auch ein Lächeln sein, eine Hilfestellung, oder ich kann meine Zeit und Aufmerksamkeit herschenken, um mich mit anderen Menschen zu verbinden.

Meine Notizen:

TAG 2 DES OMER-ZÄHLENS, 17. NISSAN

Baruch ata Adonai,
eloheinu melech haolam,
ascher kideschanu bemitzwotaw
wetziwanu al sefirat haomer.

Hajom schne jamim laomer.

בָּרוּךְ אַתָּה יְיָ אֱלֹהֵינוּ מֶלֶךְ הָעוֹלָם,
אֲשֶׁר קִדְּשָׁנוּ בְּמִצְוֹתָיו,
וְצִוָּנוּ עַל סְפִירַת הָעֹמֶר.

הַיּוֹם שְׁנֵי יָמִים לָעֹמֶר.

Gelobt seist du, Ewiger, unser Gott,
der uns durch seine Gebote geheiligt hat
und uns aufgetragen hat, die Tage der Omerzeit zu zählen.

Heute ist der zweite Tag der Omerzeit.

SEFIRAH DES TAGES
Gewurah schebe Chesed

Disziplin in liebender Güte

גבורה שבחסד

Am zweiten Tag des Omer-Zählens wird das bedingungslose ständige Geben des ersten Tages eingegrenzt. Wenn *Chesed* – liebende Güte oder auch Mitgefühl –, effektiv sein soll, muss sie eine Form bekommen. Diese Form ist durch *Gewurah* gegeben. Um unser Gegenüber nicht in Liebe zu ersticken, ist es wichtig, das richtige Maß zu finden. Auch zu wenig Liebe und Zuwendung kann für eine Beziehung schädlich sein, da sie so verkümmert. Es gilt, die richtige Balance zu finden: zu wissen, wann es richtig ist, »Nein« zu sagen, auch um uns selbst zu schützen und abzugrenzen und auch dem Gegenüber Zeit zu geben, unsere Liebe anzunehmen, und wann es richtig ist, aus vollem Herzen zu geben. Durch *Gewurah* können wir anderen zeigen, dass wir ohne Hintergedanken für sie da sind und gleichzeitig ihren eigenen Raum respektieren. Auch in unserer spirituellen Entwicklung kann uns *Gewurah*, die auch für die Fähigkeit zu unterscheiden steht, ein guter Kompass sein, wenn es darum geht, zu sehen, was gerade das Richtige für uns ist. Zu manchen Zeiten kann dies bedeuten, dass wir uns lautstark gegen Ungerechtigkeit engagieren. Zu anderen Zeiten kann es sein, dass wir eine bessere Verbindung zu unserer jüdischen Quelle aufbauen, wenn wir Torah lernen oder beten. Alles im Leben hat seine Zeit, und durch Unterscheidungsfähigkeit können wir herausfinden, was für uns jetzt gerade dran ist.

Satz des Tages: Geben ohne Grenzsetzung ist ziellos und letztlich sinnlos.

Zum Nachdenken: Die *Sefirah* dieses Tages lädt mich ein, mir Gedanken zu machen, wo ich ohne Grenzen aus vollem Herzen geben kann und wo ich mich etwas zurückhalten sollte. Vielleicht habe ich ja heute Gelegenheit, jemandem ganz aufmerksam zuzuhören, um herauszufinden, was diese Person wirklich von mir braucht. Wie kann ich in dem, was ich meinem Körper Gutes tue, disziplinierter sein? Meditiere ich so regelmäßig, wie ich es möchte, mache ich regelmäßig Sport oder fehlt es mir in diesem Bereich an Disziplin?

Meine Notizen:

TAG 3 DES OMER-ZÄHLENS, 18. NISSAN

Baruch ata Adonai,
eloheinu melech haolam,
ascher kideschanu bemitzwotaw
wetziwanu al sefirat haomer.

Hajom schlischah jamim laomer.

בָּרוּךְ אַתָּה יְיָ אֱלֹהֵינוּ מֶלֶךְ הָעוֹלָם,
אֲשֶׁר קִדְּשָׁנוּ בְּמִצְוֹתָיו,
וְצִוָּנוּ עַל סְפִירַת הָעֹמֶר.

הַיּוֹם שְׁלֹשָׁה יָמִים לָעֹמֶר.

Gelobt seist du, Ewiger, unser Gott,
der uns durch seine Gebote geheiligt hat
und uns aufgetragen hat, die Tage der Omerzeit zu zählen.

Heute ist der dritte Tag der Omerzeit.

SEFIRAH DES TAGES:
Tiferet schebe Chesed

Gleichgewicht in liebender Güte

תפארת שבחסד

Der Fokus des heutigen Tages liegt bei *Tiferet*, einem fein austarierten Gleichgewicht beim Geben. *Tiferet* steht aber nicht nur für Gleichgewicht, sondern auch für Harmonie. Wir werden daran erinnert, dass *Chesed* – Liebe, Mitgefühl, Güte – sehr komplex sein kann und sich je nach Situation immer anders manifestiert, je nachdem wer unser Gegenüber ist und was im jeweiligen Moment von uns verlangt wird.

Auch uns selbst gegenüber sollten wir *Tiferet schebe Chesed* anstreben. Oft befindet sich unser Wunsch, Gutes zu tun und unser bestes Selbst zu sein im Widerspruch mit unseren Angewohnheiten und Bequemlichkeiten. Nicht immer gelingt es uns, uns für das in einer Situation Gute und Richtige zu entscheiden. Um unsere Harmonie wieder herzustellen, können wir, nachdem wir unser Gegenüber um Verzeihung gebeten haben, uns selbst vergeben, wenn uns etwas nicht gut gelungen ist.

In der jüdischen Tradition ist dies auch als *Teschuwah* bekannt: Umkehr oder auch Wiederherstellung der ursprünglichen Balance. *Teschuwah* spielt besonders in der Vorbereitung auf die Hohen Feiertage eine Rolle, sie kann uns jedoch auch durch das ganze Jahr begleiten. Die *Sefirah Tiferet* begegnet uns am dritten Tag, nach *Chesed* – liebende Güte – und *Gewurah* – Disziplin –, weil *Tiferet* – Harmonie oder Balance –, zwischen Geben und Nehmen stehen sollte. Daher wird *Tiferet* auch im Herzen lokalisiert, in der Mitte unseres Körpers.

Satz des Tages: Auch uns selbst sollten wir mit Mitgefühl begegnen und bereit sein, uns zu vergeben, wenn es nötig ist.

Zum Nachdenken: An diesem Tag bin ich eingeladen, anderen Menschen ganz offen und flexibel zu begegnen, aber in der Begegnung auch das richtige Maß an Geben und Nehmen zu finden. Wie dominant bin ich in der Beziehung zu anderen Menschen? Kümmere ich mich genug um mein körperliches Wohlbefinden, oder bin ich vielleicht sogar zu selbstbezogen?

Meine Notizen:

TAG 4 DES OMER-ZÄHLENS, 19. NISSAN

Baruch ata Adonai,
eloheinu melech haolam,
ascher kideschanu bemitzwotaw
wetziwanu al sefirat haomer.

Hajom arba'ah jamim laomer.

בָּרוּךְ אַתָּה יְיָ אֱלֹהֵינוּ מֶלֶךְ הָעוֹלָם,
אֲשֶׁר קִדְּשָׁנוּ בְּמִצְוֹתָיו,
וְצִוָּנוּ עַל סְפִירַת הָעֹמֶר.

הַיּוֹם אַרְבָּעָה יָמִים לָעֹמֶר.

Gelobt seist du, Ewiger, unser Gott,
der uns durch seine Gebote geheiligt hat
und uns aufgetragen hat, die Tage der Omerzeit zu zählen.

Heute ist der vierte Tag der Omerzeit.

SEFIRAH DES TAGES:
Netzach schebe Chesed

Durchhaltevermögen in liebender Güte

נצח שבחסד

Netzach schebe Chesed steht für Liebe und Mitgefühl, verbunden mit Vorwärtsbewegung und Durchhaltevermögen. Immer wenn wir etwas Neues in Angriff nehmen, brauchen wir einerseits Durchhaltevermögen, um vorwärts zu kommen, andererseits auch die Zuversicht, dass die Reise sich lohnt und dass auch etwas Gutes dabei herauskommen wird. Oft sind Neuanfänge mit großen Zweifeln verbunden. Dies sehen wir auch in der Torah. Im 2. Buch Moses (Exodus), Kapitel 15 lesen wir, dass die Israeliten sich drei Tage, nachdem sie erfolgreich das Rote Meer durchquert hatten, bei Mosche beschwerten, ganz so als hätten sie all die Wunder, die sie so weit gebracht hatten, schon vergessen.

So geht es auch uns oft: Wenn wir uns auf den Weg machen, erscheint uns die Strecke, die wir schon zurückgelegt haben, sehr kurz im Vergleich zu der Strecke, die noch vor uns liegt. Die heutige *Sefirah* erinnert uns daran, dass dies vielleicht auch ein Stück dazu gehört und dass wir unsere Zweifel mit *Netzach schebe Chesed* überwinden können. Wir können auch unsere Angewohnheiten verändern, die uns denken lassen, dass man die Freundin auch morgen anrufen könnte oder dass der kranke Bekannte heute sicher schon viele Besucher erwartet oder dass sicher schon genug andere für diese gute Sache gespendet haben. *Netzach* erinnert uns daran, dass die Chance, Gutes zu tun, immer im Jetzt liegt.

Satz des Tages: Die Chance, Gutes zu tun, liegt immer im Jetzt.

Zum Nachdenken: Ich bin heute eingeladen, mir Gedanken zu machen, was mich innerlich zurückhält, anderen etwas zu geben, sei es Geld oder Zeit oder Aufmerksamkeit und mir zu überlegen, was mir hilft, diese Hindernisse zu überwinden.

Meine Notizen:

TAG 5 DES OMER-ZÄHLENS, 20. NISSAN

Baruch ata Adonai,
eloheinu melech haolam,
ascher kideschanu bemitzwotaw
wetziwanu al sefirat haomer.

Hajom chamischah jamim laomer.

בָּרוּךְ אַתָּה יְיָ אֱלֹהֵינוּ מֶלֶךְ הָעוֹלָם,

אֲשֶׁר קִדְּשָׁנוּ בְּמִצְוֹתָיו,

וְצִוָּנוּ עַל סְפִירַת הָעֹמֶר.

הַיוֹם חֲמִשָּׁה יָמִים לָעֹמֶר.

Gelobt seist du, Ewiger, unser Gott,
der uns durch seine Gebote geheiligt hat
und uns aufgetragen hat, die Tage der Omerzeit zu zählen.

Heute ist der fünfte Tag der Omerzeit.

SEFIRAH DES TAGES:
Hod schebe Chesed

Bescheidenheit in liebender Güte

הוד שבחסד

Die *Sefirah Hod* steht für Bescheidenheit beim Geben. Wie oft kann es vorkommen, dass wir beim Geben nicht die Person im Blick haben, der wir etwas Gutes tun möchten, sondern nur unsere eigene Wahrnehmung davon, was das Gute ist. Die heutige *Sefirah* erinnert uns daran, auch mal die Perspektive zu wechseln und uns Gedanken darüber zu machen, was unser Gegenüber wirklich braucht oder was ihm wirklich Freude machen würde. Das erfordert nicht nur einen Perspektivwechsel, sondern auch, dass wir uns selbst zurücknehmen und die andere Person in den Vordergrund unserer Aufmerksamkeit rücken. Es geht hier nicht nur um das Geben von Dingen; wir können Menschen auch Aufmerksamkeit und Zeit schenken oder ihnen bei etwas helfen. Auch dies ist mit *Chesed* gemeint. *Hod* – Bescheidenheit – steht aber auch dafür, dass wir manchmal geben, indem wir etwas annehmen, da wir so unserem Gegenüber eine Freude machen können und die andere Person sich gebraucht fühlt. Vielleicht kommt es auch vor, dass unsere Hilfe gar nicht benötigt wird. Dann gilt es, sich in Bescheidenheit zurückzuziehen und anderen den Raum zu lassen, selbst Erfahrungen zu machen und ihre Selbstwirksamkeit zu spüren. In der jüdischen Mystik wird *Hod* im linken Bein lokalisiert. Die meisten von uns gehen mit dem rechten Bein los, das linke Bein hat die Aufgabe, Raum für das Rechte zu schaffen, damit es vorankommen kann. So sind wir auch aufgefordert, uns zugunsten anderer zurückzunehmen und ihnen zu ermöglichen, ihren Weg zu gehen.

Satz des Tages: Auch wenn wir etwas annehmen, kann es bedeuten, dass wir dem Geber etwas schenken.

Zum Nachdenken: Ich bin heute eingeladen, bewusst mit Menschen in Kontakt zu treten und mir auch bewusst zu machen, ob ich mit diesen Kontakten meine eigenen Bedürfnisse oder die des Gegenübers befriedige. Dies gilt auch für meinen Körper: Gebe ich ihm das, was er benötigt, oder steht mir meine Bequemlichkeit oft im Weg?

Meine Notizen:

TAG 6 DES OMER-ZÄHLENS, 21. NISSAN

Baruch ata Adonai,
eloheinu melech haolam,
ascher kideschanu bemitzwotaw
wetziwanu al sefirat haomer.

Hajom schischah jamim laomer.

בָּרוּךְ אַתָּה יְיָ אֱלֹהֵינוּ מֶלֶךְ הָעוֹלָם,

אֲשֶׁר קִדְּשָׁנוּ בְּמִצְוֹתָיו,

וְצִוָּנוּ עַל סְפִירַת הָעֹמֶר.

הַיּוֹם שִׁשָּׁה יָמִים לָעֹמֶר.

Gelobt seist du, Ewiger, unser Gott,
der uns durch seine Gebote geheiligt hat
und uns aufgetragen hat, die Tage der Omerzeit zu zählen.

Heute ist der sechste Tag der Omerzeit.

SEFIRAH DES TAGES:
Jesod schebe Chesed

Verbundenheit in liebender Güte

יְסוֹד שֶׁבְּחֶסֶד

Jesod ist die *Sefirah*, die für Grundlagen oder Grundfesten steht. Sie steht auch für Fortpflanzung und wird in unseren Körpern mit den Sexualorganen assoziiert. In der jüdischen Mystik wird *Jesod* auch mit der Beschneidung in Verbindung gebracht, da sie für den festen Bund Israels mit Gott steht, der durch *Jesod* symbolisiert wird. In unserem Alltagsleben steht die heutige *Sefirah* für die Fundamente der liebenden Güte, die stabil in die Zukunft weisen. Es geht darum, wie wir mit unserem Gegenüber kommunizieren und wie wir unsere Wertschätzung für andere zum Ausdruck bringen. Wie genau wir *Chesed* in die Welt bringen, ist sehr individuell und hängt auch von unseren bisherigen Erfahrungen ab. In der jüdischen Tradition gilt *Gemilut Chasadim* – Hilfe ohne Eigennutz – als einer der drei Grundpfeiler, auf denen die Welt ruht (neben Gottesdienst und Torah). Dies gibt uns Hinweise, wie wir *Chesed* umsetzen können. Die Hilfe ohne Eigennutz, zu der wir angehalten sind, ist nicht davon abhängig, wie viel Geld wir haben. Es geht vielmehr um persönlichen Einsatz, sei es bei Krankenbesuchen, Trauerbegleitung oder indem wir unsere Wohnung für Gäste öffnen. Von dieser Grundlage profitieren alle Beziehungen in unserem Leben. *Jesod* gleicht den Wurzeln eines Baumes, durch die eine Verbindung genährt wird. Je tiefer sie reichen, desto stabiler ist die Beziehung und desto mehr Stürmen kann sie standhalten.

Satz des Tages: Durch *Gemilut Chasadim,* Hilfe ohne Eigennutz, können wir unseren Bund mit Gott zum tätigen Ausdruck bringen und unsere Verbindungen zu anderen Menschen vertiefen.

Zum Nachdenken: Heute will ich mich fragen, wie ich die Menschen, denen ich heute begegne, sei es bei der Arbeit, in meiner Familie oder im Freundeskreis, besser wertschätzen kann und wie ich meine Begegnungen auf ein stärkeres Fundament stellen kann. Kann ich den Tag über mit meinem Körpergefühl in Verbindung bleiben, oder beherrschen mich meine Gedanken, die in meinem Kopf herumwirbeln?

Meine Notizen:

TAG 7 DES OMER-ZÄHLENS, 22. NISSAN

Baruch ata Adonai,
eloheinu melech haolam,
ascher kideschanu bemitzwotaw
wetziwanu al sefirat haomer.

בָּרוּךְ אַתָּה יְיָ אֱלֹהֵינוּ מֶלֶךְ הָעוֹלָם,
אֲשֶׁר קִדְּשָׁנוּ בְּמִצְוֹתָיו,
וְצִוָּנוּ עַל סְפִירַת הָעֹמֶר.

Hajom schiv'ah jamim,
schehem schawua echad laomer.

הַיּוֹם שִׁבְעָה יָמִים
שֶׁהֵם שָׁבוּעַ אֶחָד לָעֹמֶר.

Gelobt seist du, Ewiger, unser Gott,
der uns durch seine Gebote geheiligt hat
und uns aufgetragen hat, die Tage der Omerzeit zu zählen.

Heute ist der siebte Tag,
das ist eine Woche der Omerzeit.

SEFIRAH DES TAGES:
Malchut schebe Chesed

Beherrschung in liebender Güte

מלכות שבחסד

28

Malchut *schebe Chesed* lehrt uns, anderen in Würde unsere Liebe und Wertschätzung zu schenken und sie dadurch zu bereichern. Die letzten sechs Tage wurden wir durch verschiedene Aspekte des Gebens und Liebens geführt. *Malchut* am siebten Tag vereinigt alle vorangegangen Aspekte wie Mitgefühl, Disziplin, Balance, Durchhaltevermögen, Bescheidenheit und Verbundenheit. *Malchut* steht für ein Gefühl des Heil- und Ganzseins in unserer Liebe für uns selbst und andere. In der jüdischen Mystik wird die *Sefirah* mit den Händen, Füßen und dem Mund verbunden und steht somit auch für die Art und Weise, wie wir kommunizieren und wie wir auf andere zugehen.

Heute endet die erste Woche des Omer-Zählens, die erste Woche, die wir – im Bild gesprochen – nach dem Auszug aus Ägypten in Freiheit verbringen. So wie jeder Schabbat am siebten Tag die Woche beendet, so ist auch *Malchut* der letzte Aspekt von *Chesed*, den wir betrachten. Morgen werden wir uns einer neuen *Sefirah* und neuen Möglichkeiten des inneren Wachstums zuwenden. Heute ist für viele auch der letzte Tag von Pessach, der letzte Tag, an dem wir *Matzah* – Ungesäuertes – essen. Ab jetzt essen wir wieder so wie während des übrigen Jahres. Trotzdem sollten wir nicht vergessen, dass unsere Reise in die Freiheit noch lange nicht beendet ist. Freiheit bedeutet, selbst für unser Leben verantwortlich zu sein. Dazu gehört auch, unser Leben mit Sinn zu füllen.

Satz des Tages: Heute ist traditionell außerhalb Israels der letzte Tag Pessach, aber unsere Reise in die Freiheit hat erst begonnen.

Zum Nachdenken: Heute bin ich eingeladen, zu reflektieren, ob ich meine Füße, Hände und meinen Mund nutze, um in meiner Umgebung ausgleichend zu wirken. Bin ich in den Kontakten zu anderen großzügig? Was gibt meinem Leben Sinn? Wie gehe ich mit mir selbst um, achte ich auf meine Bedürfnisse?

Meine Notizen:

Jitzchaq   Rot   Linker Arm

Sarah

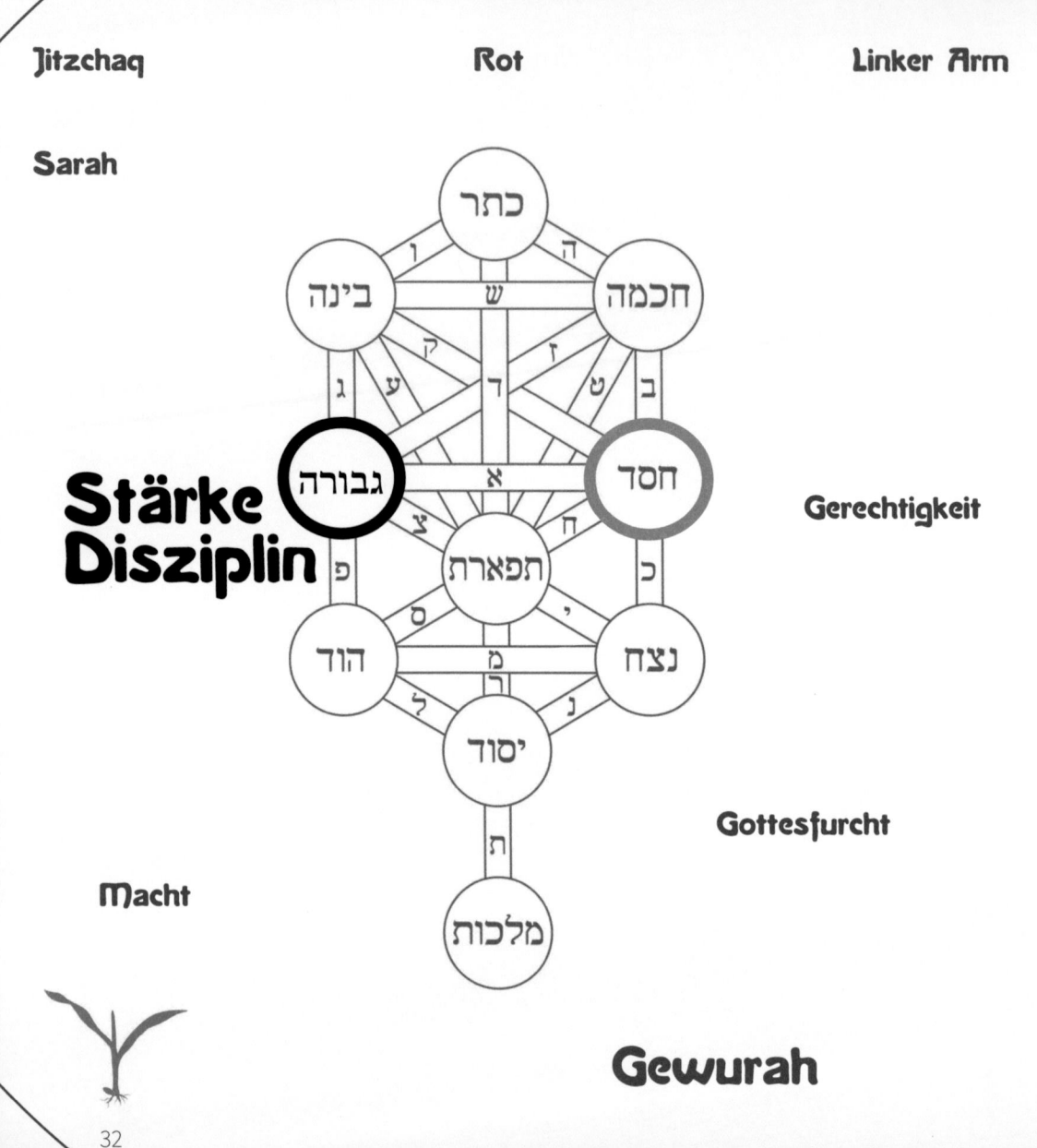

Stärke
Disziplin   Gerechtigkeit

Macht

Gottesfurcht

Gewurah

32

Gewurah

Das Thema der zweiten Woche ist *Gewurah*. Diese *Sefirah* steht für Stärke, Zurücknahme, Fokus und die Fähigkeit, zwischen dem im Moment Richtigen und Falschen zu unterscheiden. *Gewurah* steht für die Stärke, eine Situation richtig einzuschätzen und dann beherzt die richtigen Maßnahmen zu ergreifen. *Gewurah* steht auch für ein gutes Urteilsvermögen, das wir brauchen, wenn wir Entscheidungen treffen, um Fehler zu vermeiden und Schaden von uns fernzuhalten. Die jüdische Mystik sagt, dass die Aspekte des Lebensbaums nach und nach enthüllt wurden. Zuerst wurde *Chesed* enthüllt, danach kam *Gewurah*. *Gewurah* ist notwendig, um dem steten Fluss der tätigen Liebe eine Richtung zu geben, so dass Resultate erzielt werden können. Dabei sollten wir uns *Gewurah* nicht als starren Kraftakt vorstellen, sondern als eine Kraft, die mit liebevollen Händen Form gibt, so dass etwas Neues entstehen kann.

In der zweiten Woche begegnet uns jede *Sefirah* zum zweiten Mal. Dieses Mal geht es jedoch darum, welche Verbindung die jeweilige *Sefirah* mit *Gewurah* eingeht und welche Anforderungen diese Verbindung an uns stellt. Im Leben kommt es vor, dass Situationen sich gleichen, dass wir immer wieder vor dieselbe Prüfung gestellt werden, und doch ist jede Situation einzigartig und wir reagieren je nach Tagesform unterschiedlich. Dieses Phänomen wahrzunehmen und anzuerkennen ist auch Teil des Omer-Zählens. Jeder Tag enthält gewisse Elemente, die sich wiederholen, und ist doch einzigartig.

Baruch ata Adonai,
eloheinu melech haolam,
ascher kideschanu bemitzwotaw
wetziwanu al sefirat haomer.

בָּרוּךְ אַתָּה יְיָ אֱלֹהֵינוּ מֶלֶךְ הָעוֹלָם,
אֲשֶׁר קִדְּשָׁנוּ בְּמִצְוֹתָיו,
וְצִוָּנוּ עַל סְפִירַת הָעֹמֶר.

Hajom schmonah jamim,
schehem schawua echad
wejom echad laomer.

הַיּוֹם שְׁמוֹנָה יָמִים
שֶׁהֵם שָׁבוּעַ אֶחָד
וְיוֹם אֶחָד לָעֹמֶר.

Gelobt seist du, Ewiger, unser Gott,
der uns durch seine Gebote geheiligt hat
und uns aufgetragen hat, die Tage der Omerzeit zu zählen.

Heute ist der achte Tag,
das ist eine Woche und ein Tag der Omerzeit.

SEFIRAH DES TAGES:
Chesed schebe Gewurah

Liebende Güte in Stärke/Disziplin

34

Chesed *schebe* *Gewurah* steht für die Fähigkeit, auch »Nein« sagen zu können. Manchen von uns mag dies leichter gelingen als anderen, aber wie so vieles im Leben wird auch das Nein-Sagen mit Wiederholung und Übung leichter. Zunächst mag es sehr positiv klingen, wenn jemand viel gibt und immer für andere da ist. Es kann uns jedoch auch in einen Zustand des Ausgebranntseins führen. Wenn wir zum Beispiel zu viel geben, kann es sein, dass nicht mehr genug für uns selbst bleibt und wir am Ende anderen auf der Tasche liegen. Es gilt also Grenzen zu setzen. Grenzen, die man aus Liebe setzt, sind auch nötig, um jemanden vor einem Unglück zu bewahren. Wenn ein Kind zum Beispiel auf eine heiße Herdplatte fassen möchte, sollten wir schnellstens eingreifen. Es kann auch manchmal sein, dass es gut ist, Informationen zurückzuhalten, um jemanden vor zu viel Aufregung zu bewahren oder um zu verhindern, dass jemand vorschnell und unbedacht handelt. Innerhalb von klaren Grenzen kann auch die Freiheit zur Entfaltung liegen, da der Raum klar umrissen ist, der einem offen steht. So kann sich etwas Neues in unserem Leben entfalten. Diese *Sefirah* steht dafür, dass wir uns mit Kraft den Weg freihalten, sodass dieser Prozess seinen Lauf nehmen kann.

In der Torah können wir von der Erzmutter Sarah, die als Verkörperung von *Gewurah* gilt, lernen. Sie hat in ihrem Haushalt Autorität und setzt der liebenden Güte ihres Mannes Abraham Grenzen. Dabei erhält sie sogar von Gott Unterstützung. Im ersten Buch Moses (21,12) sagt Gott zu Abraham: »Was dir Sarah sagen wird, gehorche!«, woraufhin Hagar und Ismael den Haushalt Abrahams und Sarahs auf Sarahs Wunsch verlassen müssen. Das Paar Abraham und Sarah ergänzt sich in seinen gegensätzlichen Qualitäten und bildet zusammen ein Ganzes, so wie es vom ersten Menschen im ersten Buch Moses (2:18) heißt: »Ich will ihm eine Gehilfin machen, die um ihn sei«.

Satz des Tages: Grenzen zu setzen ist notwendig und innerhalb von klaren Grenzen ist Wachstum möglich.

Zum Nachdenken: Heute bin ich eingeladen, meine Beziehungen zu betrachten, ob ich da, wo es angemessen ist, Grenzen setze, oder ob ich mich selbst besser schützen müsste. Vielleicht setze ich aber auch zu viele Grenzen, so dass ich Beziehungen nicht wachsen lasse? Achte ich mit genügend oder zu wenig Disziplin auf die Bedürfnisse meines Körpers?

Meine Notizen:

TAG 9 DES OMER-ZÄHLENS, 24. NISSAN

Baruch ata Adonai,
eloheinu melech haolam,
ascher kideschanu bemitzwotaw
wetziwanu al sefirat haomer.

בָּרוּךְ אַתָּה יְיָ אֱלֹהֵינוּ מֶלֶךְ הָעוֹלָם,
אֲשֶׁר קִדְּשָׁנוּ בְּמִצְוֹתָיו,
וְצִוָּנוּ עַל סְפִירַת הָעֹמֶר.

Hajom tisch'ah jamim,
schehem schawua echad
uschne jamim laomer.

הַיּוֹם תִּשְׁעָה יָמִים
שֶׁהֵם שָׁבוּעַ אֶחָד
וּשְׁנֵי יָמִים לָעֹמֶר.

Gelobt seist du, Ewiger, unser Gott,
der uns durch seine Gebote geheiligt hat
und uns aufgetragen hat, die Tage der Omerzeit zu zählen.

Heute ist der neunte Tag,
das ist eine Woche und zwei Tage der Omerzeit.

SEFIRAH DES TAGES:
Gewurah schebe Gewurah

Stärke/Disziplin in Stärke

36

In der jüdischen Mystik wird darauf hingewiesen, dass *Chesed* – das freimütige Geben ohne Hintergedanken – auch eine Schattenseite hat. So kann es sein, dass jemand das, was wir ihm geben, einfordert, oder dass sein Selbstbewusstsein übergroß wird und er anderen Menschen auf unangenehme Art gegenübertritt. Auch in der jüdischen Überlieferung ist eine Beziehung bekannt, die aus dem Lot geraten ist, weil eine Partei immer fordernder wurde. Rabbi Schne'ur Salman von Liadi berichtet uns, dass der auf Abwege geratene Sohn Abrahams, Ischmael, immer selbstzufriedener und arroganter wurde, je mehr Freundlichkeit sein Vater Abraham ihm erwies. Vielleicht können wir auch in uns selbst Tendenzen feststellen, dass wir manchmal nicht nach unseren Idealen leben und nicht die Menschen sind, die wir gerne wären, dass wir die Geduld verlieren, laut werden oder verletzende Worte wählen. Hier ist *Gewurah* nötig, um eine gesunde Balance wiederherzustellen. Auch in der Arbeit an uns selbst brauchen wir diese *Sefirah*, wenn wir uns ungünstige Charaktereigenschaften oder Angewohnheiten abgewöhnen möchten. *Gewurah* ist eine tiefe, innere Stärke, insbesondere eine Stärke, die uns hilft, uns selbst zu überwinden und dadurch innerlich zu wachsen.

Satz des Tages: Es kann nötig sein, unsere Kräfte zu aktivieren und Grenzen zu setzen, um zu verhindern, dass Beziehungen aus dem Gleichgewicht geraten.

Zum Nachdenken: Heute bin ich eingeladen, mir Gedanken zu machen, ob und was es in meinem Leben gibt, das ich mit *Gewurah* ändern oder überwinden kann. Verbringe ich mehr Zeit als ich möchte im Internet, gebe ich mehr Geld aus, als ich eigentlich vorhatte? Gibt es etwas, das ich tun kann oder eigentlich tun möchte, um meine körperliche Kraft zu stärken?

Meine Notizen:

Baruch ata Adonai,
eloheinu melech haolam,
ascher kideschanu bemitzwotaw
wetziwanu al sefirat haomer.

בָּרוּךְ אַתָּה יְיָ אֱלֹהֵינוּ מֶלֶךְ הָעוֹלָם,
אֲשֶׁר קִדְּשָׁנוּ בְּמִצְוֹתָיו,
וְצִוָּנוּ עַל סְפִירַת הָעֹמֶר.

Hajom assarah jamim,
schehem schawua echad
uschloschah jamim laomer.

הַיּוֹם עֲשָׂרָה יָמִים
שֶׁהֵם שָׁבוּעַ אֶחָד
וּשְׁלשָׁה יָמִים לָעֹמֶר.

Gelobt seist du, Ewiger, unser Gott,
der uns durch seine Gebote geheiligt hat
und uns aufgetragen hat, die Tage der Omerzeit zu zählen.

Heute ist der zehnte Tag,
das ist eine Woche und drei Tage der Omerzeit.

SEFIRAH DES TAGES:
Tiferet schebe Gewurah

Mitgefühl in Stärke/Disziplin

Tiferet *schebe Gewurah* weist darauf hin, dass es ist wichtig ist, unserem Mitgefühl Grenzen zu setzen, wenn es nötig ist. Dies mag manchmal auch im Blick auf Menschen nötig sein, die wir eigentlich schätzen oder die uns nahe sind. In einem solchen Fall ist es jedoch immer die Frage, wie ich diese Grenzen setze, ob ich meine Worte mit Mitgefühl und Freundlichkeit wähle, oder alle Brücken hinter mir abbreche.

Tiferet schebe Gewurah kann auch als Ausgewogenheit im Urteil verstanden werden. Wir sind aufgefordert, Menschen und Situationen realistisch zu sehen und unserem Mitgefühl Grenzen zu setzen, wenn wir dazu neigen, Verhaltensweisen zu entschuldigen, die nicht entschuldigt werden sollten. Wir sollten auch darauf achten, wie andere uns wahrnehmen. Wenn sie uns als jemanden wahrnehmen, der/die alles mitmacht und alles hinnimmt, wäre es ratsam, Grenzen zu setzen, um uns selbst zu schützen. Andererseits sollten wir aber auch nicht zu streng werden und uns nicht an Kleinigkeiten festhalten und das Pendel nicht zu stark in die andere Richtung ausschlagen lassen. *Tiferet schebe Gewurah* möchte uns anhalten, uns gegenseitig mit Mitgefühl zu begegnen, und nur wenn nötig, Grenzen zu setzen.

Zum Nachdenken: Heute bin ich eingeladen, mir zu überlegen, wo ich Menschen, denen ich Grenzen setzen möchte oder muss, mit mehr Mitgefühl begegnen kann. Welche Worte kann ich finden, die mir helfen, mein Ziel zu erreichen, ohne jemanden zu verletzen? Bin ich manchmal zu streng mit meinem Körper? Habe ich etwas gemacht, was mir körperlich nicht gut getan hat? Wie kann ich meinem Körper und mir selbst mit mehr Mitgefühl begegnen?

Meine Notizen:

TAG 11 DES OMER-ZÄHLENS, 26. NISSAN

Baruch ata Adonai,
eloheinu melech haolam,
ascher kideschanu bemitzwotaw
wetziwanu al sefirat haomer.

בָּרוּךְ אַתָּה יְיָ אֱלֹהֵינוּ מֶלֶךְ הָעוֹלָם,

אֲשֶׁר קִדְּשָׁנוּ בְּמִצְוֹתָיו,

וְצִוָּנוּ עַל סְפִירַת הָעֹמֶר.

Hajom echad assar jom,
schehem schawua echad
we'arba'ah jamim laomer.

הַיּוֹם אַחַד עָשָׂר יוֹם

שֶׁהֵם שָׁבוּעַ אֶחָד

וְאַרְבָּעָה יָמִים לָעֹמֶר.

Gelobt seist du, Ewiger, unser Gott,
der uns durch seine Gebote geheiligt hat
und uns aufgetragen hat, die Tage der Omerzeit zu zählen.

Heute ist der elfte Tag,
das ist eine Woche und vier Tage der Omerzeit.

SEFIRAH DES TAGES:
Netzach schebe Gewurah

Durchhaltevermögen in Stärke/Disziplin

40

Das Sprichwort »Steter Tropfen höhlt den Stein« beschreibt die *Sefirah* dieses Tages sehr gut. Um etwas erreichen zu können, müssen wir stetig und fleißig daran üben. Oft fällt es uns jedoch schwer, am Ball zu bleiben und das, was wir uns wünschen, umzusetzen. Auch wenn wir manchmal genau wissen, was uns zurückhält, etwas zu erreichen, ist es jedoch gar nicht so einfach, unsere Angewohnheiten zu verändern, sei es, weil uns etwas zu schwer erscheint für unsere Fähigkeiten, oder weil es zu kompliziert erscheint, so dass wir es gleich sein lassen. In diesen Fällen brauchen wir *Netzach schebe Gewurah* – Durchhaltevermögen in Disziplin –, das uns langfristig hilft, vorwärts zu kommen und unsere Ziele zu erreichen. *Netzach schebe Gewurah* kann uns auch die Kraft geben durchzuhalten, wenn wir in einer herausfordernden Situation sind und verschiedene Bereiche unseres Lebens, wie Beruf und Familie oder ein Ehrenamt neben dem Beruf unter einen Hut bringen müssen. In der Torah ist Mosche ein Vorbild für *Netzach*. Er führte die Israeliten 40 Jahre lang durch die Wüste, ohne das Ziel aus den Augen zu verlieren, auch wenn dies oft nicht einfach war.

Die *Sefirah Netzach* wird in unserem Körper in der rechten Hüfte und *Gewurah* in der linken Schulter lokalisiert. Wenn man sie verbindet, führt eine Linie durch die *Sefirah Tiferet*, die für Ausgleich, Balance und Harmonie steht und im Herzen lokalisiert wird. So werden wir daran erinnert, dass die Stärke, durchzuhalten, aus dem Herzen kommt.

Zum Nachdenken: Heute bin ich eingeladen, mich zu fragen, wie sich mein Leben verändern würde, wenn ich mit Durchhaltevermögen an meinen Zielen arbeiten würde und welchen Preis ich eventuell zahle, wenn ich dies nicht tue.

Meine Notizen:

TAG 12 DES OMER-ZÄHLENS, 27. NISSAN

Baruch ata Adonai,
eloheinu melech haolam,
ascher kideschanu bemitzwotaw
wetziwanu al sefirat haomer.

בָּרוּךְ אַתָּה יְיָ אֱלֹהֵינוּ מֶלֶךְ הָעוֹלָם,

אֲשֶׁר קִדְּשָׁנוּ בְּמִצְוֹתָיו,

וְצִוָּנוּ עַל סְפִירַת הָעֹמֶר.

Hajom schnem assar jom,
schehem schawua echad
wachamischah jamim laomer.

הַיּוֹם שְׁנֵים עָשָׂר יוֹם

שֶׁהֵם שָׁבוּעַ אֶחָד

וַחֲמִשָּׁה יָמִים לָעֹמֶר.

Gelobt seist du, Ewiger, unser Gott,
der uns durch seine Gebote geheiligt hat
und uns aufgetragen hat, die Tage der Omerzeit zu zählen.

Heute ist der zwölfte Tag,
das ist eine Woche und fünf Tage der Omerzeit.

SEFIRAH DES TAGES:
Hod schebe Gewurah

Die *Sefirah Hod* steht neben Bescheidenheit auch für Herrlichkeit und zeigt uns die unendliche Vielfalt der göttlichen Schöpfung. Wir können die Natur betrachten, die jetzt während der Zeit des Omer-Zählens jeden Tag mehr erwacht. Wir können die Menschen um uns herum wahrnehmen oder die wunderbare Weisheit, mit der unsere Körper geschaffen wurden. All dies und viel mehr sind Manifestationen der göttlichen Energie. Diese Herrlichkeit der Schöpfung wird durch die Energie und Stärke des Göttlichen, *Gewurah* zusammengehalten und zum Ausdruck gebracht. Im Angesicht dieser Größe gilt es für uns, uns in Bescheidenheit zu üben und unser Ego zurückzunehmen, so dass wir offen, aber auch verletzlich werden. Oft mag es uns schwerfallen, verletzlich zu sein und Schwäche zeigen zu können, da die Gesellschaft uns suggeriert, dass man immer stark sein muss. Trotzdem ist es wichtig, dass Stärke auch mit Bescheidenheit einhergeht, da es sonst, besonders in Führungspositionen, für uns schwierig werden könnte. Ein Beispiel in der Torah für jemanden, der eine Führungsposition innehatte und dem es an Bescheidenheit fehlte, ist Korach. Von seiner eigenen Position und Stärke sehr überzeugt, zettelte er einen Aufstand gegen Mosche und Aharon an. Das Ende ist bekannt: er und seine Getreuen wurden von der Erde verschlungen.

Satz des Tages: Stärke, besonders in Führungspositionen, sollte mit Bescheidenheit und auch Verletzlichkeit einhergehen, damit sie nicht zu Arroganz führt.

Zum Nachdenken: Heute bin ich eingeladen, Gott gegenüber meine Dankbarkeit für das, was mir gegeben wurde und für die Wunder um mich herum, auszudrücken. Dankbarkeit hilft mir, Bescheidenheit in meinem Leben zu kultivieren und zu verwirklichen.

Meine Notizen:

TAG 13 DES OMER-ZÄHLENS, 28. NISSAN

Baruch ata Adonai,
eloheinu melech haolam,
ascher kideschanu bemitzwotaw
wetziwanu al sefirat haomer.

בָּרוּךְ אַתָּה יְיָ אֱלֹהֵינוּ מֶלֶךְ הָעוֹלָם,
אֲשֶׁר קִדְּשָׁנוּ בְּמִצְוֹתָיו,
וְצִוָּנוּ עַל סְפִירַת הָעֹמֶר.

Hajom schloschah assar jom,
schehem schawua echad
weschischah jamim laomer.

הַיּוֹם שְׁלשָׁה עָשָׂר יוֹם
שֶׁהֵם שָׁבוּעַ אֶחָד
וְשִׁשָּׁה יָמִים לָעֹמֶר.

Gelobt seist du, Ewiger, unser Gott,
der uns durch seine Gebote geheiligt hat
und uns aufgetragen hat, die Tage der Omerzeit zu zählen.

Heute ist der 13. Tag,
das ist eine Woche und sechs Tage der Omerzeit.

SEFIRAH DES TAGES:
Jesod schebe Gewurah

Verbindung in Stärke/Disziplin

An diesem Tag geht es darum, mit beiden Beinen fest auf der Erde zu stehen, dadurch an innerer Stärke und Resilienz zu gewinnen und disziplinierter zu werden. Stärke, die sich ohne Rücksicht auf die Verbindung mit anderen auslebt und die nicht geerdet ist, kann zu einer zerstörerischen Kraft werden. *Jesod schebe Gewurah* regt uns an, unsere Kraft dazu zu nutzen, spirituelle und körperliche Verbindungen zu anderen zu pflegen, statt nur unseren eigenen Bedürfnissen zu dienen. Gelingt es uns, uns auch einmal zurückzunehmen und anderen den Vortritt zu lassen? Auch hier gilt es wieder, den gesunden Mittelweg zu finden und uns nicht so viel zurückzuhalten, dass wir uns am Ende alleine und nicht wahrgenommen fühlen. Diese *Sefirah* erinnert uns auch daran, dass wir nicht alleine sind, dass wir in Verbindung mit anderen Menschen stehen, die auch daran Anteil haben, wie wir die Welt wahrnehmen und welche Entscheidungen wir treffen. Innere Disziplin kann uns helfen, eine gute, solide Grundlage für unsere Entscheidungen zu haben und es uns erlauben, aus einer Position der Stärke heraus in Verbindung zu anderen zu treten, um sie um Rat zu fragen.

Satz des Tages: Wenn ich mich zurücknehme und anderen den Raum gebe, den sie brauchen, kann ich meine Verbindung zu ihnen stärken.

Zum Nachdenken: Heute bin ich eingeladen, mich zu fragen, ob ich meine Stärke stets so nutze, dass ich in Verbindung mit anderen bleibe, oder ob ich zu Alleingängen neige, die andere Menschen vor den Kopf stoßen. Wie kann ich aus einer Position der Stärke heraus meine sozialen Beziehungen vertiefen? Wie kann ich meine Stärke und Disziplin nutzen, wenn mein Geist unruhig ist und mich vor sich her treibt?

Meine Notizen:

TAG 14 DES OMER-ZÄHLENS, 29. NISSAN

Baruch ata Adonai,
eloheinu melech haolam,
ascher kideschanu bemitzwotaw
wetziwanu al sefirat haomer.

בָּרוּךְ אַתָּה יְיָ אֱלֹהֵינוּ מֶלֶךְ הָעוֹלָם,
אֲשֶׁר קִדְּשָׁנוּ בְּמִצְוֹתָיו,
וְצִוָּנוּ עַל סְפִירַת הָעֹמֶר.

Hajom arba'ah assar jom,
schehem schne schawuot laomer.

הַיּוֹם אַרְבָּעָה עָשָׂר יוֹם
שֶׁהֵם שְׁנֵי שָׁבוּעוֹת לָעֹמֶר.

Gelobt seist du, Ewiger, unser Gott,
der uns durch seine Gebote geheiligt hat
und uns aufgetragen hat, die Tage der Omerzeit zu zählen.

Heute ist der 14. Tag,
das sind zwei Wochen der Omerzeit.

SEFIRAH DES TAGES:
Malchut schebe Gewurah

Beherrschung in Stärke/Disziplin

Am Ende der zweiten Woche des Omer-Zählens sind wir aufgefordert, uns Gedanken zu machen, inwieweit es uns in der zurückliegenden Woche gelungen ist, *Gewurah*, Disziplin oder Stärke in unserem Leben in ihren verschiedenen Aspekten zu manifestieren. *Malchut* steht für eine gesunde Zurücknahme des eigenen Egos, der eigenen Bedürfnisse, und dafür, dass wir uns nicht anderen Menschen aufdrängen. Dies ist auch die rabbinische Sicht darauf, wer ein starker Mensch ist. Es ist nicht jemand, der über große körperliche Kräfte verfügt, sondern jemand, dem es gelingt, seine Leidenschaften und Begierden zu kontrollieren. In den Sprüchen der Väter heißt es dazu (Avot 4,1): »Wer ist ein Held? Wer seinen Trieb überwindet, denn es heißt: ›Besser ein Langmütiger als ein Krieger‹«. *Malchut schebe Gewurah* kann auch dafür stehen, stark genug zu sein, um Stille aushalten zu können und innerlich weit zu werden, um anderen Raum zu geben und um sich für die Stimme des Göttlichen in unserem Leben zu öffnen.

Satz des Tages: Unsere wahre Stärke besteht darin, unsere Leidenschaften und Triebe zu kontrollieren.

Zum Nachdenken: Ich bin eingeladen, mich einmal mit den verschiedenen Bereichen meines Lebens zu beschäftigen, wie Beruf, Partnerschaft, Familie, Freundeskreis, Ehrenamt, Hobbies und mir zu überlegen, in welchen Bereichen es mir schwerer fällt, mich zurückzunehmen, und in welchen mir dies besser gelingt. Ist es mir gelungen, in diesen Bereichen gesunde Grenzen zu ziehen? Meine Hände, Füße und mein Mund symbolisieren *Malchut*, wie nutze ich sie, um disziplinierter zu sein?

Meine Notizen:

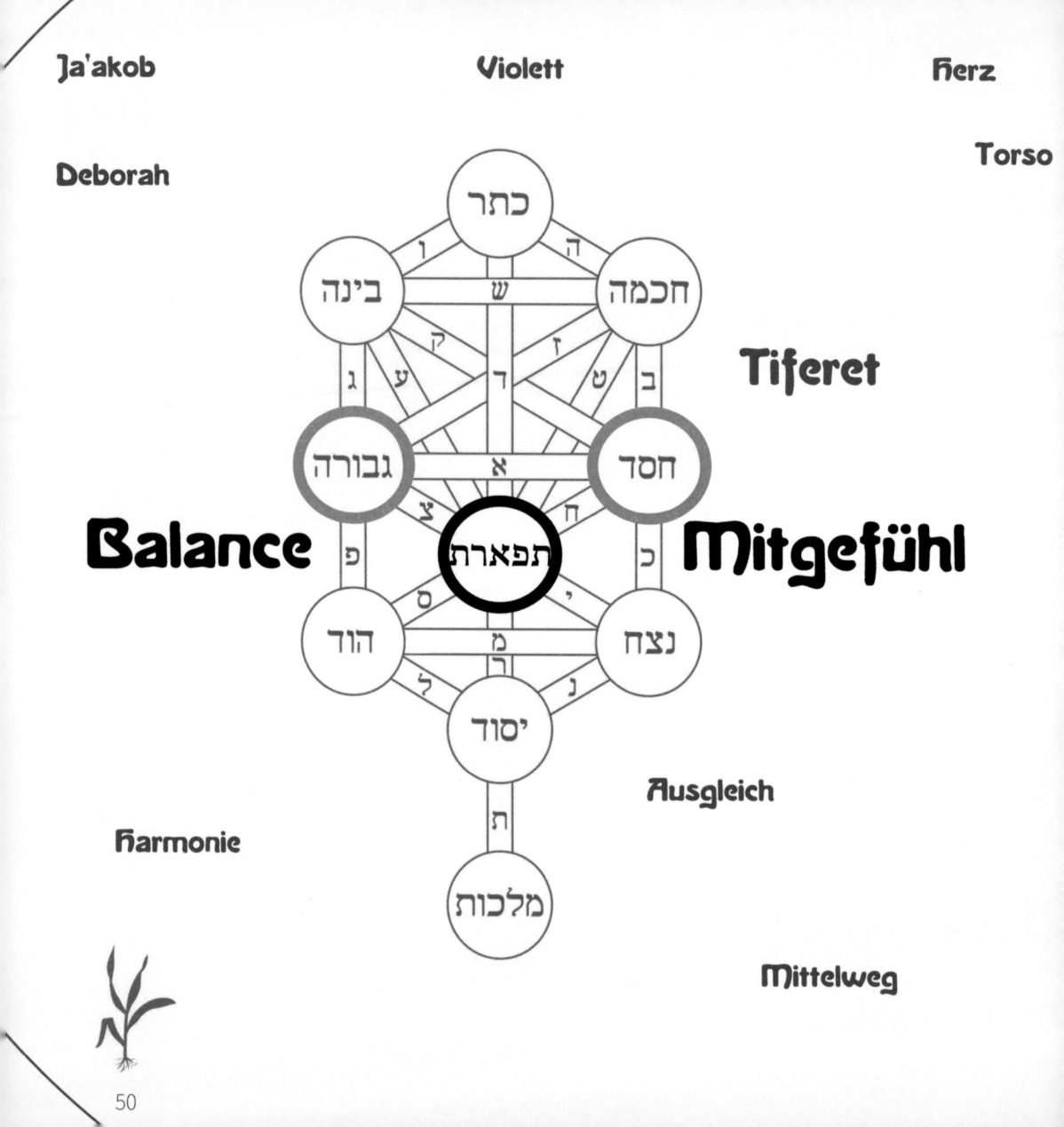

Ja'akob

Violett

Herz

Deborah

Torso

Tiferet

Balance

Mitgefühl

Ausgleich

Harmonie

Mittelweg

50

Tiferet

Die *Sefirah* der dritten Woche ist *Tiferet*. *Tiferet* wird als Harmonie, Balance, Ausgleich übersetzt, es ist das göttliche Attribut der Symmetrie. Diese Woche sind wir angehalten, einen ausgleichenden Mittelweg in allem, was wir tun, zu beschreiten. Ein Mittelweg muss ständig neu austariert und verhandelt werden, da die Gegebenheiten des Lebens in einem ständigen Wandel begriffen sind. In unserem Alltagsleben streben wir ständig nach der Balance, die die *Sefirah* repräsentiert. Wenn wir hungrig sind, essen wir; wenn uns kalt ist, ziehen wir uns eine Jacke über. *Tiferet* macht uns verletzlich, da wir uns anderen Menschen und den Ereignissen unseres Lebens gegenüber öffnen müssen, um uns immer wieder neu auszurichten. *Tiferet* bringt auch eine Qualität mit, die uns vorwärts drängt. Wenn wir in bestimmten Bereichen unseres Lebens nicht mehr weiter wissen oder in den immer gleichen, unheilsamen Verhaltensweisen feststecken, ist es *Tiferet*, das uns weiterhilft, so dass wir uns der Schönheit, die uns zum Beispiel in der Natur umgibt, wieder öffnen können. Nach *Chesed* und *Gewurah* kommt *Tiferet* passenderweise als dritte, mittlere *Sefirah*, da es für einen Ausgleich zwischen der sich endlos verströmenden Liebe von *Chesed* und der sich einschränkenden Strenge von *Gewurah* steht.

TAG 15 DES OMER-ZÄHLENS, 30. NISSAN

Baruch ata Adonai,
eloheinu melech haolam,
ascher kideschanu bemitzwotaw
wetziwanu al sefirat haomer.

בָּרוּךְ אַתָּה יְיָ אֱלֹהֵינוּ מֶלֶךְ הָעוֹלָם,
אֲשֶׁר קִדְּשָׁנוּ בְּמִצְוֹתָיו,
וְצִוָּנוּ עַל סְפִירַת הָעֹמֶר.

Hajom chamischah assar jom,
schehem schne schawuot
wejom echad laomer.

הַיּוֹם חֲמִשָּׁה עָשָׂר יוֹם
שֶׁהֵם שְׁנֵי שָׁבוּעוֹת
וְיוֹם אֶחָד לָעֹמֶר.

Gelobt seist du, Ewiger, unser Gott,
der uns durch seine Gebote geheiligt hat
und uns aufgetragen hat, die Tage der Omerzeit zu zählen.

Heute ist der 15. Tag,
das sind zwei Wochen und ein Tag der Omerzeit.

SEFIRAH DES TAGES:
Chesed schebe Tiferet

Liebende Güte in Mitgefühl/Balance

Die heutige *Sefirah Tiferet* steht neben Mitgefühl auch für Balance und gerechten Ausgleich. Dies kann Beziehungen in unserem Privat- oder Arbeitsleben betreffen, in denen wir uns nicht mehr ganz wohlfühlen, in denen unser Gegenüber uns vielleicht verletzt hat oder uns andere Schwierigkeiten bereitet. Liebende Güte in Gerechtigkeit sagt uns, dass es wichtig ist, Gerechtigkeit und Balance aus einer Position der liebenden Güte, der Wertschätzung des Gegenübers heraus anzustreben und nicht einfach mit der Brechstange durchzusetzen. In der Torah verkörpert Ja'akob diese Qualität von *Tiferet*, wenn er auf dem Sterbebett seinem Ältesten Re'uven mitteilt, dass er ihm nicht den Segen des Erstgeborenen gibt, weil sein Charakter »übersprudelnd wie Wasser ist«. Auch wenn Ja'akob Re'uven streng gegenüber auftrat und er dadurch sein Privileg als Erstgeborener verlor, hat Ja'akob seinem Sohn doch auch indirekt einen Weg aufgezeigt, wie er zu seiner eigenen Ganzheit finden kann, indem er die stürmischen Wasser seines Lebens zur Ruhe und in eine Balance bringt.

Satz des Tages: Wenn ich um Gerechtigkeit bemüht bin, kann ich dies aus einer Position der Liebe und des Mitgefühls tun.

Zum Nachdenken: Wie kann es mit gelingen, wenn es nötig ist, aus einer mitfühlenden Position heraus eine aus dem Lot geratene Balance wiederherzustellen? Gibt es aktuell in meinem Leben Bereiche, in denen ich tätig werden sollte, um die Balance wiederherzustellen? Bin ich körperlich im Lot oder gibt es etwas, das ich tun kann, um wieder in meine Mitte zu kommen?

Meine Notizen:

TAG 16 DES OMER-ZÄHLENS, 1. IJAR

Baruch ata Adonai,
eloheinu melech haolam,
ascher kideschanu bemitzwotaw
wetziwanu al sefirat haomer.

בָּרוּךְ אַתָּה יְיָ אֱלֹהֵינוּ מֶלֶךְ הָעוֹלָם,
אֲשֶׁר קִדְּשָׁנוּ בְּמִצְוֹתָיו,
וְצִוָּנוּ עַל סְפִירַת הָעֹמֶר.

Hajom schischah assar jom,
schehem schne schawuot
uschne jamim laomer.

הַיּוֹם שִׁשָּׁה עָשָׂר יוֹם
שֶׁהֵם שְׁנֵי שָׁבוּעוֹת
וּשְׁנֵי יָמִים לָעֹמֶר.

Gelobt seist du, Ewiger, unser Gott,
der uns durch seine Gebote geheiligt hat
und uns aufgetragen hat, die Tage der Omerzeit zu zählen.

Heute ist der 16. Tag,
das sind zwei Wochen und zwei Tage der Omerzeit.

SEFIRAH DES TAGES:
Gewurah schebe Tiferet

Disziplin in Mitgefühl/Balance

גבורה שבתפארת

Die heutige *Sefirah* erinnert uns daran, dass wir manchmal im Leben so dominant sind, dass wir andere Stimmen nicht hören oder sie behindern. Dadurch, dass wir uns zurücknehmen, können wir für mehr Ausgewogenheit und Balance sorgen, indem wir anderen Meinungen Raum geben, damit sie sich entfalten können. Vielleicht haben wir uns auch in einer Diskussion zu sehr verrannt und haben durch unsere Beiträge stark polarisiert. Auch hier kann es hilfreich sein, sich zurückzunehmen und dadurch zu helfen, dass wieder mehr Harmonie entsteht. Auch beim Verfolgen unserer Ziele im Leben können wir auf Balance achten, indem wir nicht einfach nur vorwärts preschen, um ein Ziel zu verwirklichen, das uns wichtig ist, sondern indem wir uns Gedanken machen, welche Auswirkungen unser Verhalten auf die Menschen hat, mit denen wir unser Leben teilen.

Die Richterin und Prophetin Deborah verkörpert *Tiferet schebe Gewurah*. Im Buch der Richter (4,5) heißt es über sie: »Sie saß unter der Debora-Palme zwischen Rama und Bet-El auf dem Gebirge Efraim, die Kinder Israel zogen hinauf zu ihr zu Gericht«. Zu ihren Aufgaben gehörte es, für *Tiferet* – Ausgleich und Balance – zu sorgen und auch die göttliche Ordnung wiederherzustellen, wenn diese aus den Fugen geraten war. Dies tat sie mit großer Strenge, *Gewurah*, als sie den israelitischen Heerführer Barak aufforderte, gegen den kanaanitischen Heerführer Sisera in den Krieg zu ziehen (Buch der Richter 4,14): »Auf, denn dies ist der Tag, da der Herr den Sisera in deine Hand gibt, der Herr zieht vor dir her«.

Satz des Tages: Es kann heilsam für meine Beziehungen sein, wenn ich mich bewusst zurücknehme und anderen Raum gebe.

Zum Nachdenken: Heute bin ich eingeladen, in den Begegnungen, die ich habe, darauf zu achten, wie und wann *Tiferet*, Balance, entsteht, ob sie einfach da ist, oder ob es nötig ist, dass ich mich etwas zurücknehme, damit sie entstehen kann. Bin ich über Leichen gegangen, um etwas zu erreichen? Hätte ich mehr auf mein Umfeld achten müssen? Habe ich mich vielleicht körperlich überfordert und nicht genug auf meine Grenzen geachtet?

Meine Notizen:

TAG 17 DES OMER-ZÄHLENS, 2. IJAR

Baruch ata Adonai,
eloheinu melech haolam,
ascher kideschanu bemitzwotaw
wetziwanu al sefirat haomer.

בָּרוּךְ אַתָּה יְיָ אֱלֹהֵינוּ מֶלֶךְ הָעוֹלָם,
אֲשֶׁר קִדְּשָׁנוּ בְּמִצְוֹתָיו,
וְצִוָּנוּ עַל סְפִירַת הָעֹמֶר.

Hajom schiw'ah assar jom,
schehem schne schawuot
uschlischah jamim laomer.

הַיּוֹם שִׁבְעָה עָשָׂר יוֹם
שֶׁהֵם שְׁנֵי שָׁבוּעוֹת
וּשְׁלֹשָׁה יָמִים לָעֹמֶר.

Gelobt seist du, Ewiger, unser Gott,
der uns durch seine Gebote geheiligt hat
und uns aufgetragen hat, die Tage der Omerzeit zu zählen.

Heute ist der 17. Tag,
das sind zwei Wochen und drei Tage der Omerzeit.

SEFIRAH DES TAGES:
Tiferet schebe Tiferet

Mitgefühl in Mitgefühl

תפארת שבתפארת

Das jiddische Wort »*mentsh*« (מענטש) beschreibt die heutige *Sefirah* sehr schön. Ein »*Mensch*« ist jemand der anständig, großzügig und liebenswürdig ist und dabei in seiner Mitte ruht. Manchmal muss man durch einige Untiefen des Lebens gehen, um in diese Mitte zu kommen. In der Torah verkörpert Ja'akob, der zu Jisrael wurde, *Tiferet schebe Tiferet*. Er musste in seinem Leben einige Prüfungen meistern und rang am Ende mit einem Engel, der ihm den neuen Namen »Jisrael« gab. In der jüdischen Mystik steht dieser Engel auch für die dunklen Kräfte der Seele Ja'akobs, die er überwinden musste, um ganz zu werden, um zu einem »*Mensch*« zu werden. Vielleicht kommt auch unsere gut versteckte, dunkle Seite manchmal zum Vorschein, indem wir etwas vorgeblich für andere tun, dabei aber an unseren eigenen Vorteil denken, oder daran, dass der andere jetzt etwas für uns tun müsste. *Tiferet* erinnert uns daran, dass es um das Geben an sich geht, ohne Schuldgefühle und Hintergedanken.

Satz des Tages: Manchmal ist es nötig, innere Widerstände zu überwinden, um zu einem »*Mensch*« zu werden.

Zum Nachdenken: Heute bin ich eingeladen, darauf zu achten, ob ich Hintergedanken habe, wenn ich etwas für andere tue. Begegne ich anderen und auch mir selbst mit Mitgefühl, oder bin ich in meinem Urteil zu streng? Wie begegne ich Menschen, die meine Hilfe brauchen und deswegen auf mich zukommen? Gibt es jemanden, der/die ein Mensch ist und den/die ich mir als Vorbild nehmen kann?

Meine Notizen:

TAG 18 DES OMER-ZÄHLENS, 3. IJAR

Baruch ata Adonai,
eloheinu melech haolam,
ascher kideschanu bemitzwotaw
wetziwanu al sefirat haomer.

בָּרוּךְ אַתָּה יְיָ אֱלֹהֵינוּ מֶלֶךְ הָעוֹלָם,
אֲשֶׁר קִדְּשָׁנוּ בְּמִצְוֹתָיו,
וְצִוָּנוּ עַל סְפִירַת הָעֹמֶר.

Hajom schmonah assar jom,
schehem schne schawuot
we'arba'ah jamim laomer.

הַיּוֹם שְׁמוֹנָה עָשָׂר יוֹם
שֶׁהֵם שְׁנֵי שָׁבוּעוֹת
וְאַרְבָּעָה יָמִים לָעֹמֶר.

Gelobt seist du, Ewiger, unser Gott,
der uns durch seine Gebote geheiligt hat
und uns aufgetragen hat, die Tage der Omerzeit zu zählen.

Heute ist der 18. Tag,
das sind zwei Wochen und vier Tage der Omerzeit.

SEFIRAH DES TAGES:
Netzach schebe Tiferet

Durchhaltevermögen in Mitgefühl/Balance

Netzach schebe Tiferet macht uns darauf aufmerksam, dass es im Leben nicht ausreicht, einen Plan zu fassen, sondern wir müssen auch aktiv werden und ihn in die Tat umsetzen. *Netzach* – Durchhaltevermögen – und *Tiferet* –Mitgefühl – stehen auch für das Streben nach Gerechtigkeit und nach einem Ausgleich der Kräfte in unserem Leben. Wir können nach einem Ausgleich zwischen Einnahmen und Ausgaben streben oder danach, die Person die wir sein möchten, mit der Wirklichkeit und auch unsere Träume mit der Realität in Einklang zu bringen. Wir sollten auch darauf achten, den verschiedenen Bereichen unseres Lebens den ihnen jeweils angemessenen Raum zu geben und nicht auf Kosten unserer Familie oder unseres seelischen Wohlbefindens zu viel arbeiten. In der Torah ist Ja'akob ein Beispiel für diese *Sefirah*. Auch wenn sein Schwiegervater Laban ihn jahrelang hinhielt, arbeitete er hart und ausdauernd und musste immer wieder Schwierigkeiten überwinden.

Satz des Tages: Um einen Mittelweg zwischen den Extremen unseres Lebens zu finden, brauchen wir viel Durchhaltevermögen.

Zum Nachdenken: Heute will ich mir überlegen, ob ich beim Umsetzen meiner Pläne wirklich ins Tun komme, oder in meinen Phantasien hängen bleibe. Gebe ich den verschiedenen Bereichen meines Lebens den ihnen angemessenen Raum, oder lasse ich mein Leben von einem Bereich dominieren? Möchte ich dies ändern und wenn ja, wie kann mir das gelingen?

Meine Notizen:

TAG 19 DES OMER-ZÄHLENS, 4. IJAR

Baruch ata Adonai,
eloheinu melech haolam,
ascher kideschanu bemitzwotaw
wetziwanu al sefirat haomer.

בָּרוּךְ אַתָּה יְיָ אֱלֹהֵינוּ מֶלֶךְ הָעוֹלָם,
אֲשֶׁר קִדְּשָׁנוּ בְּמִצְוֹתָיו,
וְצִוָּנוּ עַל סְפִירַת הָעֹמֶר.

Hajom schischah assar jom,
schehem schne schawuot
wachamischah jamim laomer.

הַיּוֹם תִּשְׁעָה עָשָׂר יוֹם
שֶׁהֵם שְׁנֵי שָׁבוּעוֹת
וַחֲמִשָּׁה יָמִים לָעֹמֶר.

Gelobt seist du, Ewiger, unser Gott,
der uns durch seine Gebote geheiligt hat
und uns aufgetragen hat, die Tage der Omerzeit zu zählen.

Heute ist der 19. Tag,
das sind zwei Wochen und fünf Tage der Omerzeit.

SEFIRAH DES TAGES:
Hod schebe Tiferet

Bescheidenheit in Mitgefühl/Balance

הוד שבתפארת

Oft nehmen wir die Balance, die Ausgeglichenheit, die bereits da ist, gar nicht wahr, da wir oft den Fokus darauf legen, was uns fehlt oder was noch zu erreichen ist. Wenn wir genauer hingucken, können wir oft wahrnehmen, dass Situationen und die Menschen, mit denen wir unser Leben teilen, oft gar nicht so festgefahren sind, wie wir anfangs dachten. Manchmal sind wir es selbst, die in unserer Wahrnehmung oder unseren Meinungen festgefahren sind und daher nichts anderes mitbekommen. Vielleicht geht es uns in manchen Situationen auch mehr um Macht als um Ausgleich oder um den Mittelweg. Manchmal denken wir vielleicht auch, dass wir immer weiter nach Höherem streben müssen und verlieren den Blick für unsere Umgebung. Die *Sefirah* des Tages erinnert uns daran, dass es, wenn wir festgefahren sind und einen Tunnelblick haben, uns helfen kann, uns für andere zu öffnen und in Bescheidenheit ihre Perspektiven anzuhören und nicht gleich abzutun, sondern anderen mit Mitgefühl zu begegnen.

Satz des Tages: Manchmal sind wir es selbst, die festgefahren sind und mal in Bescheidenheit über den Tellerrand blicken sollten.

Zum Nachdenken: Heute will ich die Schönheit und Ausgeglichenheit, die mich umgibt, wahrnehmen. Dazu kann ich in die Natur gehen und wahrnehmen, wie sich der Frühling weiter entfaltet und wie mein Geist weit wird. Ich kann auch das Mitgefühl mit Dankbarkeit wahrnehmen, das in meinen Beziehungen herrscht.

Meine Notizen:

TAG 20 DES OMER-ZÄHLENS, 5. IJAR

Baruch ata Adonai,
eloheinu melech haolam,
ascher kideschanu bemitzwotaw
wetziwanu al sefirat haomer.

בָּרוּךְ אַתָּה יְיָ אֱלֹהֵינוּ מֶלֶךְ הָעוֹלָם,
אֲשֶׁר קִדְּשָׁנוּ בְּמִצְוֹתָיו,
וְצִוָּנוּ עַל סְפִירַת הָעֹמֶר.

Hajom essrim jom,
schehem schne schawuot
weschischah jamim laomer.

הַיּוֹם עֶשְׂרִים יוֹם
שֶׁהֵם שְׁנֵי שָׁבוּעוֹת
וְשִׁשָּׁה יָמִים לָעֹמֶר.

Gelobt seist du, Ewiger, unser Gott,
der uns durch seine Gebote geheiligt hat
und uns aufgetragen hat, die Tage der Omerzeit zu zählen.

Heute ist der 20. Tag,
das sind zwei Wochen und sechs Tage der Omerzeit.

SEFIRAH DES TAGES:
Jesod schebe Tiferet

Verbundenheit in Mitgefühl/Ausgleich

יְסוֹד שֶׁבְּתִפְאֶרֶת

Heute werden wir daran erinnert, dass es im Leben wichtiger sein kann, seine inneren Werte zu kultivieren, als sich mit äußeren Formen des Erfolgs zu schmücken. Dies soll nicht heißen, dass wir uns nicht an wohlverdienten Erfolgen freuen dürfen. Wir sollten aber in diesen Phasen des Lebens nicht vergessen, dass wir nicht alleine sind und dass wir anderen rücksichtsvoll und liebenswürdig begegnen sollten. Aus den Medien sind leider viele Beispiele von berühmten und erfolgreichen Menschen bekannt, denen diese Gratwanderung nicht gelungen ist und die andere Menschen, die für sie arbeiten, oder ihre Familie nicht so behandeln, dass man sich ein Vorbild an ihnen nehmen könnte. Von Rabbi Chanina ben Dosa lernen wir, dass wenn der Geist unseres Nächsten sich über uns freut, auch Gott Freude an uns empfindet (Sprüche der Väter 3:13). Die *Sefirah* dieses Tages erinnert uns an zwei Komponenten, die dazu beitragen können, dass es unseren Nächsten gelingt, uns wohlwollend wahrzunehmen. Das ist zum einen Verbundenheit, zum anderen Mitgefühl.

Satz des Tages: Nicht nur äußerer Erfolg zählt, es geht auch um das Kultivieren von inneren Werten.

Zum Nachdenken: Wie kann ich meine Beziehungen, gleich welcher Art, in der Familie, bei der Arbeit, aber auch zufällige Begegnungen so gestalten, dass sie auf Augenhöhe stattfinden und von Mitgefühl zeugen? Gelingt mir dies auch mit mir selbst? Kann ich heute gut auf mich und die Bedürfnisse meines Körpers achten?

Meine Notizen:

TAG 21 DES OMER-ZÄHLENS, 6. IJAR

Baruch ata Adonai,
eloheinu melech haolam,
ascher kideschanu bemitzwotaw
wetziwanu al sefirat haomer.

Hajom echad we'essrim jom,
schehem schloschah schawuot laomer.

בָּרוּךְ אַתָּה יְיָ אֱלֹהֵינוּ מֶלֶךְ הָעוֹלָם,
אֲשֶׁר קִדְּשָׁנוּ בְּמִצְוֹתָיו,

וְצִוָּנוּ עַל סְפִירַת הָעֹמֶר.
הַיּוֹם אֶחָד וְעֶשְׂרִים יוֹם
שֶׁהֵם שְׁלֹשָׁה שָׁבוּעוֹת לָעֹמֶר.

Gelobt seist du, Ewiger, unser Gott,
der uns durch seine Gebote geheiligt hat
und uns aufgetragen hat, die Tage der Omerzeit zu zählen.

Heute ist der 21. Tag,
das sind drei Wochen der Omerzeit.

SEFIRAH DES TAGES:
Malchut schebe Tiferet

Beherrschung in Mitgefühl/Ausgleich

מלכות שבתפארת

Die beiden *Sefirot Malchut* und *Tiferet* befinden sich auf der zentralen Achse des kabbalistischen Lebensbaums, weil diese beiden dazu beitragen, dass wir in unserer Mitte sind und »geerdet«. Das Ziel ist, *Tiferet*, also Ausgeglichenheit und Mitgefühl in unser Leben zu integrieren, so dass es ein Teil davon wird, und so dass unsere Beziehungen von *Tiferet* getragen werden. Wir sind auch aufgefordert, Ungerechtigkeiten dort entgegenzutreten, wo wir sie wahrnehmen, so dass nicht nur unsere privaten Beziehungen, sondern auch die Gesellschaft von Mitgefühl und Ausgeglichenheit geprägt sein kann. Doch nicht nur das Mitgefühl sollte auch in der Beziehung, die wir mit uns selbst haben vorherrschen. Oft ist es einfacher, anderen gegenüber Mitgefühl zu zeigen, als uns selbst. Der letzte Tag dieser *Sefirah* macht uns darauf aufmerksam, dass es alle Bereiche unseres Lebens sind, die von Mitgefühl profitieren. Durch die Art und Weise, wie wir Menschen gegenübertreten, können wir ihnen ermöglichen, ihren Selbstwert zu entfalten und sich wertgeschätzt und würdig zu fühlen.

Satz des Tages: Heute will ich anderen und mir selbst mit Mitgefühl begegnen.

Zum Nachdenken: Was hindert mich daran, Menschen mit Mitgefühl und aus meiner Mitte heraus zu begegnen? Gehe ich mit Menschen anders um, die nicht aus meinem engsten Umfeld sind? Wie gehe ich mit mir selbst und meinen Bedürfnissen, wie Schlaf, nährendem Essen, Ruhe um? Kann ich gesellschaftlich aktiv werden, um für mehr sozialen Ausgleich und Mitgefühl zu sorgen?

Meine Notizen:

Unser Lehrer Mosche   Helles Pink   Rechtes Bein

Hannah

Netzach

כתר

בינה   חכמה

גבורה   חסד

תפארת

הוד   נצח   **Durchhalte-vermögen**

יסוד

Vorwärtsbewegung

מלכות

Ausdauer

Netzach

Die vierte Woche des Omer-Zählens steht ganz im Zeichen von *Netzach*. Diese *Sefirah* steht für Durchhaltevermögen und Ausdauer. Vielleicht ist es ganz gut, diese Qualität in der vierten Woche zu behandeln, da vermutlich einigen, die sich vorgenommen haben, jeden Abend Omer zu zählen, die Puste ausgeht. *Netzach* ist jetzt genau das, was wir brauchen, um am Ball zu bleiben. *Netzach* ist nicht nur das, was uns hilft weiterzumachen, es gilt auch in der jüdischen Mystik als die Kraft, die die Welt und das Universum am Laufen hält. Traditionell wird *Netzach* auch mit Sieg übersetzt. Gemeint ist weniger ein Sieg über einen äußeren Feind, sondern ein Sieg über innere Widerstände, die uns davon abhalten, etwas zu tun, was nötig ist. Oft brauchen wir dazu nicht nur Durchhaltevermögen, sondern auch die Fähigkeit, die Perspektive zu wechseln und aus dem neuen Blickwinkel heraus einen anderen Weg zu unserem Ziel zu finden. *Netzach* steht auch für den Flow, in den wir kommen, wenn wir mit besonderer Kreativität an einer Aufgabe arbeiten, oder wenn wir mit anderen musizieren. Im Laufe der Woche werden wir Mosche aus der Torah begegnen, der wie kaum jemand anders *Netzach* verkörpert. Wie viele klassische und moderne Helden, fühlt sich auch Mosche zu Beginn seiner Mission nicht würdig, die Aufgabe anzunehmen und auszufüllen. *Netzach* hilft ihm dabei, seine inneren Kraftquellen, die ihm von Gott gegeben wurden, zu nutzen, um die ihm zugedachte Rolle ausfüllen zu können. Diese innere Kraft des *Netzach* haben wir alle. Wenn wir uns aufmachen, unsere Aufgabe zu erfüllen und das Göttliche in der Welt sichtbar zu machen, können wir diese Kraft für uns nutzen.

TAG 22 DES OMER-ZÄHLENS, 7. IJAR

Baruch ata Adonai,
eloheinu melech haolam,
ascher kideschanu bemitzwotaw
wetziwanu al sefirat haomer.

בָּרוּךְ אַתָּה יְיָ אֱלֹהֵינוּ מֶלֶךְ הָעוֹלָם,
אֲשֶׁר קִדְּשָׁנוּ בְּמִצְוֹתָיו,
וְצִוָּנוּ עַל סְפִירַת הָעֹמֶר.

Hajom schnajim we'essrim jom,
schehem schloschah schawuot
wejom echad laomer.

הַיּוֹם שְׁנַיִם וְעֶשְׂרִים יוֹם
שֶׁהֵם שְׁלֹשָׁה שָׁבוּעוֹת
וְיוֹם אֶחָד לָעֹמֶר.

Gelobt seist du, Ewiger, unser Gott,
der uns durch seine Gebote geheiligt hat
und uns aufgetragen hat, die Tage der Omerzeit zu zählen.

Heute ist der 22. Tag,
das sind drei Wochen und ein Tag der Omerzeit.

SEFIRAH DES TAGES:
Chesed schebe Netzach

Liebende Güte in Durchhaltevermögen

Heute geht es um unsere langfristigen Ziele. Wie häufig kommt es vor, dass wir uns etwas vornehmen, zum Beispiel eine neue Sprache zu lernen, regelmäßig Sport zu treiben, unsere Ernährung zu verändern und vieles andere mehr. Der Anfang fällt oft leicht, da wir noch motiviert sind. Schwierig wird es jedoch oft, das Projekt zu Ende zu bringen. *Chesed* erinnert uns daran, dass es wichtig ist, Freude zu haben, während wir unsere Kreativität ausleben und unsere Ziele umsetzen. So fällt es uns auch leichter, am Ball zu bleiben, auch wenn es mal schwierig wird. Ein kabbalistisches Prinzip besagt, dass das Ende im Anfang wurzelt, dass wir den Fokus also von Anfang an auch auf das Resultat legen sollen, um unser Ziel zu erreichen. Auch die Freundschaft, Liebe und Aufmerksamkeit, die wir den Menschen in unserem Leben schenken, sollten von Durchhaltevermögen geprägt sein. Statt Freunden, die sich nur einmal im Jahr zum Geburtstag melden, wünschen wir uns Freunde, die über das Jahr für uns da sind, um unser Leben zu teilen. *Chesed* steht auch für Kreativität, die wir umsetzen. Dabei gilt es, nicht nur einen kreativen Gedanken zu haben, sondern ihn in einem Werk, gleich welcher Art, mit Durchhaltevermögen umzusetzen, zum Beispiel, indem man sich den schönen Pullover vor Augen führt, den man gerne stricken möchte, schon bevor man mit der Arbeit beginnt.

Satz des Tages: Es kann hilfreich sein, sich vor Beginn eines Projekts das gewünschte Resultat möglichst detailliert vor Augen zu führen.

Zum Nachdenken: Gebe ich manchmal zu schnell auf, wenn ich mir ein Ziel gesetzt habe? Bin ich mit Durchhaltevermögen für die Menschen in meinem Leben da, oder bin ich eher sporadisch mit ihnen in Kontakt? Hilft es mir, wenn ich an das Ende denke, dass im Anfang wurzelt, an meinen Zielen dran zu bleiben?

Meine Notizen:

TAG 23 DES OMER-ZÄHLENS, 8. IJAR

Baruch ata Adonai,
eloheinu melech haolam,
ascher kideschanu bemitzwotaw
wetziwanu al sefirat haomer.

בָּרוּךְ אַתָּה יְיָ אֱלֹהֵינוּ מֶלֶךְ הָעוֹלָם,
אֲשֶׁר קִדְּשָׁנוּ בְּמִצְוֹתָיו,
וְצִוָּנוּ עַל סְפִירַת הָעֹמֶר.

Hajom schloschim we'essrim jom,
schehem schloschah schawuot
uschne jamim laomer.

הַיּוֹם שְׁלֹשָׁה וְעֶשְׂרִים יוֹם
שֶׁהֵם שְׁלֹשָׁה שָׁבוּעוֹת
וּשְׁנֵי יָמִים לָעֹמֶר.

Gelobt seist du, Ewiger, unser Gott,
der uns durch seine Gebote geheiligt hat
und uns aufgetragen hat, die Tage der Omerzeit zu zählen.

Heute ist der 23. Tag,
das sind drei Wochen und zwei Tage der Omerzeit.

SEFIRAH DES TAGES:
Gewurah schebe Netzach

Disziplin in Durchhaltevermögen

Disziplin in Durchhaltevermögen ist wichtig, um Ziele zu erreichen. Dies gilt nicht nur auf einer materiellen Ebene. Die heutige *Sefirah*, *Gewurah schebe Netzach*, kann uns helfen, uns dem Göttlichen zu nähern und dieser Kraft zu erlauben, uns zu inspirieren und zu stärken. *Netzach* entfernt die Barriere zwischen dem ständigen Fluss der göttlichen Güte und deren Empfängern, wie Rabbi Mosche Cordovero uns lehrt (Einleitung von *Tomer Devorah*). Jemand, der einen Marathon läuft, ist ein gutes Beispiel für *Gewurah schebe Netzach*. Diese Person braucht Disziplin, sowohl in der Vorbereitung als auch während des Laufs, und Durchhaltevermögen über eine lange Distanz. Zeit ist eine Ressource, die endlich ist, darum gilt es, sie gut zu nutzen und nicht zu oft in Bequemlichkeit zu verfallen. *Gewurah* steht auch für die Fähigkeit, sich zu konzentrieren und auf eine Sache zu fokussieren, um etwas zu erreichen. Manche Menschen haben die Fähigkeit, Nächte durcharbeiten zu können, um etwas fertigzustellen, während andere, denen dies nicht gegeben ist, andere Möglichkeiten finden, sich die Zeit sinnvoll einzuteilen.

Im Tanach lebt uns Hannah ein Beispiel für *Netzach schebe Gewura* vor. Von ihr wird berichtet (Samuel 1,12), dass sie so lange und so viel für ein Kind betete, bis Gott ihrer gedachte (Samuel 1,19) und ihr ein Kind schenkte. Sie ging davon aus, dass Gott ihr Gebet verstehen würde, auch wenn es für Außenstehende, wie den Hohepriester Eli, der ihr sogar unterstellte, betrunken zu sein, nicht verständlich war. Sie ging unbeirrt ihren Weg und zeigte dabei in ihrem Gebet Durchhaltevermögen, Disziplin und Stärke. Sie ging ihren Weg bis zum Ende, bis ihr Gebet erhört wurde.

Satz des Tages: Heute will ich mir meine Zeit sinnvoll einteilen und mit Durchhaltevermögen meine Aufgaben erledigen.

Zum Nachdenken: Was ist für mich ein guter Weg, meine Zeit sinnvoll einzuteilen, so dass ich das, was meine Aufgabe ist, oder was ich erreichen möchte, schaffe? Gelingt es mir, wie ein/e Marathonläufer/in meine Ziele zu erreichen, oder gebe ich oft früher auf? Was für Ambitionen habe ich für mein Leben?

Meine Notizen:

73

TAG 24 DES OMER-ZÄHLENS, 9. IJAR

Baruch ata Adonai,
eloheinu melech haolam,
ascher kideschanu bemitzwotaw
wetziwanu al sefirat haomer.

בָּרוּךְ אַתָּה יְיָ אֱלֹהֵינוּ מֶלֶךְ הָעוֹלָם,
אֲשֶׁר קִדְּשָׁנוּ בְּמִצְוֹתָיו,
וְצִוָּנוּ עַל סְפִירַת הָעֹמֶר.

Hajom arba'ah we'essrim jom,
schehem schloschah schawuot
uschloschim jamim laomer.

הַיּוֹם אַרְבָּעָה וְעֶשְׂרִים יוֹם
שֶׁהֵם שְׁלֹשָׁה שָׁבוּעוֹת
וּשְׁלֹשָׁה יָמִים לָעֹמֶר.

Gelobt seist du, Ewiger, unser Gott,
der uns durch seine Gebote geheiligt hat
und uns aufgetragen hat, die Tage der Omerzeit zu zählen.

Heute ist der 24. Tag,
das sind drei Wochen und drei Tage der Omerzeit.

SEFIRAH DES TAGES:
Tiferet schebe Netzach

Ausgleich/Balance in Durchhaltevermögen

תפארת שבנצח

74

Die heutige *Sefirah* fordert uns auf, uns innerlich nach zwei Richtungen gleichzeitig zu strecken. Einerseits sind wir mit der Welt und den Menschen um uns herum verbunden, und andererseits sind wir in unserer Mitte und haben die Kontrolle über unser Leben. Mosche ist in der Torah ein gutes Beispiel für jemanden, der beide Qualitäten lebte. Einerseits führte er das Volk Israel aus Ägypten und durch die Wüste, andererseits befand er sich in Zwiesprache mit Aharon und anderen Priestern und zog sich auch zurück, um mit Gott in Kontakt zu treten. Auch für unser Leben gilt es diese Balance zwischen Rückzug und in den Vordergrund treten zu finden und zu kultivieren. In der Stille der Meditation, oder auch wenn wir mit anderen zusammen in der Synagoge oder alleine zuhause beten, können wir Kraft schöpfen, um wieder in den Vordergrund zu treten und mit Kraft unseren Weg zu gehen.

Satz des Tages: Heute denke ich daran, mich auch einmal zurückzuziehen, um Kraft für meine Aufgaben zu schöpfen.

Zum Nachdenken: Wie kann es mir gelingen, die beiden Bereiche, Rückzug und in den Vordergrund treten, bewusst zu kultivieren? Was gibt mir Kraft, um meinen Alltag gut bestehen zu können? Gelingt es mir, in beiden Bereichen voll da und im Moment zu sein?

Meine Notizen:

TAG 25 DES OMER-ZÄHLENS, 10. IJAR

Baruch ata Adonai,
eloheinu melech haolam,
ascher kideschanu bemitzwotaw
wetziwanu al sefirat haomer.

בָּרוּךְ אַתָּה יְיָ אֱלֹהֵינוּ מֶלֶךְ הָעוֹלָם,
אֲשֶׁר קִדְּשָׁנוּ בְּמִצְוֹתָיו,
וְצִוָּנוּ עַל סְפִירַת הָעֹמֶר.

Hajom chamischah we'essrim jom,
schehem schloschah schawuot
we'arba'ah jamim laomer.

הַיּוֹם חֲמִשָּׁה וְעֶשְׂרִים יוֹם
שֶׁהֵם שְׁלֹשָׁה שָׁבוּעוֹת
וְאַרְבָּעָה יָמִים לָעֹמֶר.

Gelobt seist du, Ewiger, unser Gott,
der uns durch seine Gebote geheiligt hat
und uns aufgetragen hat, die Tage der Omerzeit zu zählen.

Heute ist der 25. Tag,
das sind drei Wochen und vier Tage der Omerzeit.

SEFIRAH DES TAGES:
Netzach schebe Netzach

Durchhaltevermögen in Durchhaltevermögen

נֵצַח שֶׁבְּנֵצַח

Jetzt sind wir genau in der Mitte des Omer-Zählens. Die heutige *Sefirah* stellt den Übergang zwischen den *Sefirot*, die sich mehr mit unserer Innenwelt des Fühlens und Denkens beschäftigen und denen, die mehr in der äußeren Welt des Handelns und der Verantwortung verortet sind, dar. *Netzach schebe Netzach* ist der Anstoß, den wir brauchen, um diesen Übergang von Innen nach Außen zu schaffen. Ähnlich den Israeliten, die vor dem Roten Meer standen, sollen wir unsere Aufgaben ergreifen und uns vorwärts bewegen, ohne viel nachzudenken. Es geht um das beherzte Moment, das uns voran bringt.

Die jüdische Mystik lokalisiert *Netzach* in der rechten Hüfte, in dem Bein, das ausholt, um voran zu gehen. Es mag uns oft schwer fallen, anzunehmen, was das Leben für uns bereithält, und doch sind wir aufgerufen, in diesen Aufgaben mit Mut den ersten Schritt zu wagen.

Satz des Tages: Heute will ich auch beherzt vorwärts gehen und meine Aufgaben mit Energie anpacken.

Zum Nachdenken: Wie gut gelingt es mir, den Anforderungen meines Lebens gerecht zu werden? Was kann mir helfen, damit mir dies besser gelingt? Welche Menschen kenne ich, die Schwierigkeiten beherzt und mit Würde begegnet sind?

Meine Notizen:

TAG 26 DES OMER-ZÄHLENS, 11. IJAR

Baruch ata Adonai,
eloheinu melech haolam,
ascher kideschanu bemitzwotaw
wetziwanu al sefirat haomer.

בָּרוּךְ אַתָּה יְיָ אֱלֹהֵינוּ מֶלֶךְ הָעוֹלָם,
אֲשֶׁר קִדְּשָׁנוּ בְּמִצְוֺתָיו,
וְצִוָּנוּ עַל סְפִירַת הָעֹמֶר.

Hajom schischah we'essrim jom,
schehem schloschah schawuot
wachamischah jamim laomer.

הַיּוֹם שִׁשָּׁה וְעֶשְׂרִים יוֹם
שֶׁהֵם שְׁלֹשָׁה שָׁבוּעוֹת
וַחֲמִשָּׁה יָמִים לָעֹמֶר.

Gelobt seist du, Ewiger, unser Gott,
der uns durch seine Gebote geheiligt hat
und uns aufgetragen hat, die Tage der Omerzeit zu zählen.

Heute ist der 26. Tag,
das sind drei Wochen und fünf Tage der Omerzeit.

SEFIRAH DES TAGES:
Hod schebe Netzach

Bescheidenheit in Durchhaltevermögen

Hod und *Netzach* kann man in der Torah in Mosche und seinem Bruder Aharon verkörpert sehen. Mosche war dafür zuständig, die göttliche Botschaft zu empfangen und an die Israeliten weiterzugeben, Aharons Aufgabe war es, die Menschen wieder aufzurichten, wenn es ihnen nicht gelang, diese Botschaft umzusetzen. Mosche brachte die vollkommene göttliche Botschaft zu den Menschen, während Aharon die unvollkommenen Menschen wieder in Kontakt mit dem Göttlichen brachte. Die heutige *Sefirah* fordert uns auf, beide Elemente in uns zu vereinen. Nachdem wir gestern gelernt haben, beherzt auf unserem Lebensweg loszugehen, bleiben wir einerseits mutig dabei, doch andererseits sollen wir auch die schönen Momente des Lebens und der Natur, die uns umgibt, wahrnehmen und genießen. Wenn uns etwas gelingt und wir gut auf unserem Weg vorankommen, sollten wir die Erfolge in Bescheidenheit aufnehmen indem wir uns bewusst sind, dass das Blatt sich auch wieder wenden kann.

Satz des Tages: Wenn ich auf ein Ziel konzentriert bin, will ich auch die Schönheiten des Lebens nicht übersehen.

Zum Nachdenken: Heute denke ich daran, dass es zwar wichtig ist, mich auf meinen Weg und meine Ziele zu konzentrieren, aber dass diese nicht alles sind. Das große Ganze besteht aus mehr als nur meinen Lebenszielen, es kann auch beinhalten, dass ich mir bewusst werde, dass es außerhalb der materiellen Welt noch eine höhere Wirklichkeit gibt.

Meine Notizen:

TAG 27 DES OMER-ZÄHLENS, 12. IJAR

Baruch ata Adonai,
eloheinu melech haolam,
ascher kideschanu bemitzwotaw
wetziwanu al sefirat haomer.

בָּרוּךְ אַתָּה יְיָ אֱלֹהֵינוּ מֶלֶךְ הָעוֹלָם,
אֲשֶׁר קִדְּשָׁנוּ בְּמִצְוֹתָיו,
וְצִוָּנוּ עַל סְפִירַת הָעֹמֶר.

Hajom schiw'ah we'essrim jom,
schehem schloschah schawuot
weschischah jamim laomer.

הַיּוֹם שִׁבְעָה וְעֶשְׂרִים יוֹם
שֶׁהֵם שְׁלֹשָׁה שָׁבוּעוֹת
וְשִׁשָּׁה יָמִים לָעֹמֶר.

Gelobt seist du, Ewiger, unser Gott,
der uns durch seine Gebote geheiligt hat
und uns aufgetragen hat, die Tage der Omerzeit zu zählen.

Heute ist der 27. Tag,
das sind drei Wochen und sechs Tage der Omerzeit.

SEFIRAH DES TAGES:
Jesod schebe Netzach

Verbindung in Durchhaltevermögen

יְסוֹד שֶׁבְּנֵצַח

Die *Sefirah Jesod* gilt als der Sitz des Egos. Dabei geht es nicht um das oft beschworene, negativ behaftete Ego, das als egoistisch und arrogant gesehen wird, sondern es geht um ein gesundes Ego als Zentrum einer ausgeglichenen, reflektierten Persönlichkeit. Aus dieser Mitte heraus können wir mit der Welt in Verbindung treten und zum Wohle anderer wirken. Beispiele für dieses gesunde Ego können wir in der jüdischen Tradition finden, zum Beispiel in Ijob 32,7, wo es heißt: »Lass das Alter reden und die fortgeschrittenen Jahre Weisheiten verkünden«. Generationen von Weisen haben im Judentum ihre Schriften hinterlassen, von denen wir jetzt profitieren können. Auch wir haben im Laufe des Lebens immer wieder Gelegenheit, etwas von unseren Erfahrungen zu teilen und uns durch das Teilen mit anderen zu verbinden. *Jesod schebe Netzach* hilft uns, in unserer Mitte zu bleiben und uns gleichzeitig weiter zu entwickeln.

Satz des Tages: Wenn ich in meiner Mitte bin, kann ich mit der Welt in Verbindung treten und meine Erfahrungen weitergeben.

Zum Nachdenken: Wer hat mir Weisheiten geschenkt, von denen ich noch heute profitieren kann? Wann ruhe ich ausgeglichen in meiner Mitte und wann nicht? Gibt es etwas, das mir helfen kann, öfter in meiner Mitte zu ruhen? Was kann ich von meinem Erfahrungsschatz weitergeben?

Meine Notizen:

TAG 28 DES OMER-ZÄHLENS, 13. IJAR

Baruch ata Adonai,
eloheinu melech haolam,
ascher kideschanu bemitzwotaw
wetziwanu al sefirat haomer.

בָּרוּךְ אַתָּה יְיָ אֱלֹהֵינוּ מֶלֶךְ הָעוֹלָם,
אֲשֶׁר קִדְּשָׁנוּ בְּמִצְוֹתָיו,
וְצִוָּנוּ עַל סְפִירַת הָעֹמֶר.

Hajom schmonim we'essrim jom,
schehem arba'ah schawuot laomer.

הַיּוֹם שְׁמוֹנָה וְעֶשְׂרִים יוֹם
שֶׁהֵם אַרְבָּעָה שָׁבוּעוֹת לָעֹמֶר.

Gelobt seist du, Ewiger, unser Gott,
der uns durch seine Gebote geheiligt hat
und uns aufgetragen hat, die Tage der Omerzeit zu zählen.

Heute ist der 28. Tag,
das sind vier Wochen der Omerzeit.

SEFIRAH DES TAGES:
Malchut schebe Netzach

Beherrschung in Durchhaltevermögen

מלכות שבנצח

Malchut ist die *Sefirah*, die unsere irdische Welt repräsentiert. *Malchut* und unsere Welt gelten als feminin, da sie rund sind und das Leben auf der Erde nicht in nachvollziehbaren, logischen Bahnen verläuft sondern stattdessen viele unvorhersehbare gute und weniger gute Überraschungen für uns bereithält. Trotzdem ist *Malchut* eine praxisorientierte *Sefirah*. Auch wenn vieles im Leben oft nicht so läuft, wie wir es uns gewünscht oder vorgestellt haben, kommt es doch darauf an, mitten im Leben zu bleiben und es aktiv zu gestalten. In der Mischna, in den Sprüchen der Väter 2,21 wird dies so ausgedrückt: »Du bist nicht verpflichtet, die Arbeit zu vollenden, doch es steht dir nicht frei, dich ihrer zu entledigen«. *Netzach*, Durchhaltevermögen, hilft uns voranzukommen, während *Malchut*, Beherrschung, uns hilft, etwas fertigzustellen und ans Ziel zu kommen. *Malchut* fordert uns auch auf, würdig und königlich durchs Leben zu gehen und uns selbst und andere wertzuschätzen. *Malchut* kann auch für die Präsenz des Göttlichen in unserem Leben stehen, die, auch wenn wir sie vielleicht oft nicht wahrnehmen können, zuverlässig, mit Durchhaltevermögen immer da ist.

Satz des Tages: Du bist nicht verpflichtet, die Arbeit zu vollenden, doch es steht dir nicht frei, dich ihrer zu entledigen.

Zum Nachdenken: Was verlangt das Leben gerade von mir, was sind zuhause und in der Gemeinde und Gesellschaft meine Aufgaben? Wie kann ich ihnen würdig entgegentreten und sie meistern?

Meine Notizen:

Abigail

15

Hod

Bescheidenheit
Würde
Schönheit

Hod

Wenn es in Kohelet 3,1 heißt: »Alles hat seine Zeit und jedes Vorhaben unter dem Himmel hat seine Stunde«, dann beschreibt das sehr gut, welche Eigenschaften die *Sefirah Hod* in dieser Woche mitbringt. Es mag Zeiten im Leben geben, in denen wir dringend das Durchhaltevermögen von *Netzach* oder die Kraft von *Gewurah* brauchen, zu anderen Zeiten mag es nötig sein, dass wir uns zurücknehmen. *Hod* steht für die Fähigkeit, sich in Bescheidenheit zurückzunehmen, so dass auch andere zum Zug kommen können. Letzte Woche ist uns Mosche als Beispiel für *Netzach* begegnet, diese Woche gilt sein Bruder Aharon als Verkörperung von *Hod*. *Hod* steht auch für Würde und Schönheit, und Aharons Gabe bestand darin, Würde und Schönheit in anderen wahrzunehmen. Auch und besonders in den Menschen, denen im Leben nicht immer alles gelungen ist. Dies ist auch unsere Aufgabe in der nächsten Woche. Zu prüfen, wann wir zu viel Raum einnehmen und zu wenig für andere lassen, und wann es uns gut gelingt, den uns zustehenden Platz auszufüllen. Aharon als Verkörperung der *Sefirah* ist nicht der einzige Aspekt von *Hod*, der uns mit dem Tempel verbindet. Der Zahlenwert der hebräischen Buchstaben, die das Wort *Hod* bilden, ist fünfzehn. Fünfzehn Stufen führten den Priester zum Heiligtum des Tempels in Jerusalem. Der Sederabend, an dem wir unseren Auszug in die Freiheit feierten, hat ebenfalls 15 Stufen oder Abschnitte.

TAG 29 DES OMER-ZÄHLENS, 14. IJAR

בָּרוּךְ אַתָּה יְיָ אֱלֹהֵינוּ מֶלֶךְ הָעוֹלָם,
אֲשֶׁר קִדְּשָׁנוּ בְּמִצְוֹתָיו,
וְצִוָּנוּ עַל סְפִירַת הָעֹמֶר.

Baruch ata Adonai,
eloheinu melech haolam,
ascher kideschanu bemitzwotaw
wetziwanu al sefirat haomer.

הַיּוֹם תִּשְׁעָה וְעֶשְׂרִים יוֹם
שֶׁהֵם אַרְבָּעָה שָׁבוּעוֹת
וְיוֹם אֶחָד לָעֹמֶר.

Hajom tisch'ah we'essrim jom,
schehem arba'ah schawuot
wejom echad laomer.

Gelobt seist du, Ewiger, unser Gott,
der uns durch seine Gebote geheiligt hat
und uns aufgetragen hat, die Tage der Omerzeit zu zählen.

Heute ist der 29. Tag,
das sind vier Wochen und ein Tage der Omerzeit.

SEFIRAH DES TAGES:
Chesed schebe Hod

Liebende Güte in Bescheidenheit

Die heutige *Sefirah* ermöglicht es uns, in eine empfangende Bescheidenheit zu kommen, aus der heraus wir unserer Umwelt mit Respekt und Offenheit begegnen können. Es geht nicht darum, aus einer Position des Versagens heraus zurückhaltend und bescheiden zu werden. Vielmehr ist es das Ziel, aus der bescheidenen Haltung heraus erfahren zu können, wie reich wir trotz allem im Leben beschenkt wurden und jeden Tag werden. Diese Haltung ermöglicht es uns auch, uns zurückzunehmen und anderen den ihnen zustehenden Raum zu geben, damit sie sich entfalten können. *Chesed schebe Hod* – Liebende Güte in Bescheidenheit – kann uns auch helfen, offen und mutig zu sein, wenn wir uns an neue Situationen heranwagen. Aus dieser Position heraus gelingt es uns, andere um Rat zu fragen und offen für das zu sein, was sie uns mitgeben. In vielen Meditationsschulen spricht man auch vom Anfängergeist, der es uns erlaubt, dem Leben unvoreingenommen, wie Kinder, gegenüberzutreten und uns an den vielen kleinen Dingen, die uns begegnen, zu erfreuen.

Satz des Tages: Dankbarkeit zu kultivieren hilft uns, in Bescheidenheit zu wachsen.

Zum Nachdenken: Wie nehmen andere mich wahr? Bin ich jemand, der/die sich oft beschwert und jammert? Wie gehe ich mit schwierigen Situationen um, gelingt es mir, auch in solchen Zeiten andere wahrzunehmen und ihnen mit *Chesed* liebender Güte zu begegnen?

Meine Notizen:

TAG 30 DES OMER-ZÄHLENS, 15. IJAR

Baruch ata Adonai,
eloheinu melech haolam,
ascher kideschanu bemitzwotaw
wetziwanu al sefirat haomer.

בָּרוּךְ אַתָּה יְיָ אֱלֹהֵינוּ מֶלֶךְ הָעוֹלָם,
אֲשֶׁר קִדְּשָׁנוּ בְּמִצְוֹתָיו,
וְצִוָּנוּ עַל סְפִירַת הָעֹמֶר.

Hajom schloschim jom,
schehem arba'ah schawuot
uschne jamim laomer.

הַיּוֹם שְׁלֹשִׁים יוֹם
שֶׁהֵם אַרְבָּעָה שָׁבוּעוֹת
וּשְׁנֵי יָמִים לָעֹמֶר.

Gelobt seist du, Ewiger, unser Gott,
der uns durch seine Gebote geheiligt hat
und uns aufgetragen hat, die Tage der Omerzeit zu zählen.

Heute ist der 30. Tag,
das sind vier Wochen und zwei Tage der Omerzeit.

SEFIRAH DES TAGES:
Gewurah schebe Hod

Disziplin in Bescheidenheit

גְּבוּרָה שֶׁבְּהוֹד

Gewurah schebe Hod zeigt uns, dass es manchmal gut sein kann, sich in Bescheidenheit zurückzuhalten. Nicht immer ist es angebracht, dass wir jemandem den Vortritt lassen, der noch nicht zu etwas bereit ist, oder dessen Ziele und Visionen uns und anderen schaden könnten. In Jesaja 26,10 lernen wir: »Wird aber der Bösewicht geschont, so lernt er nicht Gerechtigkeit, er tut vielmehr Böses im Lande der Rechtschaffenheit.« Wenn *Hod* dazu führt, dass unser Gegenüber sich durch unseren Rückzug in einer Position, die nicht zu einem positiven Miteinander beiträgt, bestätigt und aufgewertet fühlt, sollten wir uns sehr genau überlegen, wie wir uns in der Situation verhalten und gegebenenfalls auf Bescheidenheit verzichten und dominant unseren Standpunkt vertreten. Auch wenn wir nicht in jeder Situation auf alles gefasst sein können und ständig auf der Hut sein sollten, ist es doch gut, auch über die Fähigkeit zu verfügen, Bescheidenheit und Zurückhaltung abzulegen und selbstbewusst Standfestigkeit zu zeigen.

Von Abigail, einer Frau des späteren Königs David, können wir lernen, wie man bescheiden bleibt und gleichzeitig beherzt hervortritt und entschieden das Richtige tut. Im 1. Buch Samuel (1 Samuel 25) erfahren wir, dass König David, als er auf der Flucht vor Saul war, Abigails Mann Nabal um Nahrung und Unterkunft für sich und seine Getreuen bat. Nabal verweigerte dies und beleidigte David. Abigail erkannte, dass sie handeln musste, um Schlimmeres zu verhindern. Sie eilte David entgegen um ihm nicht nur Proviant zu bringen sondern ihm auch zu prophezeien, dass er König werden würde. Es gelang ihr, ihn zu besänftigen. Nach dem Tod ihres Mannes Nabal heiratete sie David, der auch später, ganz wie sie es vorausgesagt hatte, König wurde. Nach ihrer beherzten Tat verliert sich ihr Schicksal, sie tritt wieder in den Hintergrund.

Satz des Tages: Bescheidene Zurückhaltung ist nicht immer richtig und angemessen.

Zum Nachdenken: Gibt es aktuell in meinem Leben Situationen, in denen ich mehr Standfestigkeit zeigen könnte/sollte, weil es meinem Gegenüber sonst nicht gut tun würde oder ihn/sie in einer Position, die nicht dem Guten dient, bestärken würde? Was hilft mir, in solchen Situationen Disziplin zu zeigen und standfest zu sein?

Meine Notizen:

TAG 31 DES OMER-ZÄHLENS, 16. IJAR

Baruch ata Adonai,
eloheinu melech haolam,
ascher kideschanu bemitzwotaw
wetziwanu al sefirat haomer.

בָּרוּךְ אַתָּה יְיָ אֱלֹהֵינוּ מֶלֶךְ הָעוֹלָם,
אֲשֶׁר קִדְּשָׁנוּ בְּמִצְוֹתָיו,
וְצִוָּנוּ עַל סְפִירַת הָעֹמֶר.

Hajom jom echad uschloschim jom,
schehem arba'ah schawuot
uschloschah jamim laomer.

הַיּוֹם אֶחָד וּשְׁלֹשִׁים יוֹם
שֶׁהֵם אַרְבָּעָה שָׁבוּעוֹת
וּשְׁלֹשָׁה יָמִים לָעֹמֶר.

Gelobt seist du, Ewiger, unser Gott,
der uns durch seine Gebote geheiligt hat
und uns aufgetragen hat, die Tage der Omerzeit zu zählen.

Heute ist der 31. Tag,
das sind vier Wochen und drei Tage der Omerzeit.

SEFIRAH DES TAGES:
Tiferet schebe Hod

Ausgleich/Mitgefühl in Bescheidenheit

תפארת שבהוד

In unserer visuellen Kultur ist es üblich, sich mit anderen zu vergleichen, die vermeintlich mehr erreicht haben als wir. Dabei ist es leicht, sich selbst und all das, was man geschafft hat, aus den Augen zu verlieren und sich selbst klein und unbedeutend zu fühlen. Auf der anderen Seite haben wir Influencer und vermeintliche Vorbilder, sei es in den neuen Medien, oder Schauspieler und Musiker, denen viele Menschen nacheifern, die sich selbst überhöhen und für wichtig und bedeutend halten und sich so ebenso aus den Augen verlieren. Viele von ihnen haben Probleme, die wir nicht kennen, wenn wir nur ihre Fassade sehen, oder Probleme, die durch die Medien in der ganzen Welt bekannt werden. In dieser Welt der Influencer ist es selten, dass jemand in seiner/ihrer Mitte ruht. Die *Sefirah* des Tages erinnert uns daran, uns als von Gott geschaffen und wertvoll anzusehen. Bescheidenheit, *Hod*, bedeutet nicht, uns kleiner zu machen als wir sind, sondern ehrlich zu sein und uns nichts auf unsere Fähigkeiten einzubilden. Rabbi Meir lehrt uns in den Sprüchen der Väter (4,12): »Sei demütig gegen jedermann«. Dies bedeutet jedoch nicht, dass wir uns nicht aus einer Haltung der Bescheidenheit von Menschen, mit denen wir nicht übereinstimmen, abgrenzen können. *Tiferet* hilft uns zwischen den beiden Polen Bescheidenheit und Selbstbewusstsein den Mittelweg einzuschlagen.

Satz des Tages: Es gilt den Mittelweg zwischen Bescheidenheit und Selbstbewusstsein auszutarieren und zu finden.

Zum Nachdenken: Welche meiner Fähigkeiten nehme ich meistens nicht bewusst wahr? Auf welche meiner Fähigkeiten bin ich sehr/zu stolz?

Meine Notizen:

TAG 32 DES OMER-ZÄHLENS, 17. IJAR

Baruch ata Adonai,
eloheinu melech haolam,
ascher kideschanu bemitzwotaw
wetziwanu al sefirat haomer.

בָּרוּךְ אַתָּה יְיָ אֱלֹהֵינוּ מֶלֶךְ הָעוֹלָם,
אֲשֶׁר קִדְּשָׁנוּ בְּמִצְוֹתָיו,
וְצִוָּנוּ עַל סְפִירַת הָעֹמֶר.

Hajom schnajim uschloschim jom,
schehem arba'ah schawuot
we'arba'ah jamim laomer.

הַיּוֹם שְׁנַיִם וּשְׁלֹשִׁים יוֹם
שֶׁהֵם אַרְבָּעָה שָׁבוּעוֹת
וְאַרְבָּעָה יָמִים לָעֹמֶר.

Gelobt seist du, Ewiger, unser Gott,
der uns durch seine Gebote geheiligt hat
und uns aufgetragen hat, die Tage der Omerzeit zu zählen.

Heute ist der 32. Tag,
das sind vier Wochen und vier Tage der Omerzeit.

SEFIRAH DES TAGES:
Netzach schebe Hod

Durchhaltevermögen in Bescheidenheit

נצח שבהוד

Bescheidenheit – *Hod* – bedeutet nicht, dass wir nicht selbstbewusst sein können. Wenn wir uns selbst und anderen einreden, dass wir keine Talente haben und nichts können, dann können wir auch nichts erreichen. Auch wenn wir unsere Fähigkeiten überschätzen und die der anderen geringschätzen, kommen wir nicht weit, weil wir dann vermutlich viele gegen uns aufbringen werden und am Ende vielleicht ziemlich alleine dastehen. Wie an allen anderen Tagen des Omer-Zählens, erinnert uns die heutige *Sefirah*, dass es darauf ankommt, das gesunde Mittelmaß zu finden. Wir sollten unsere Fähigkeiten realistisch einschätzen und sie nutzen, aber nicht, um uns selbst hervorzuheben, sondern auch um etwas für andere zu tun und sie zu inspirieren, selbst zu wachsen.

Die beiden *Sefirot Netzach* und *Hod* werden in unserem rechten (*Netzach*) und linken (*Hod*) Fuß lokalisiert. Während der Unterschied zwischen unseren Händen mit einer starken und einer schwächeren Hand groß ist, ist er zwischen den Füßen meist nicht groß. Das gilt auch für die *Sefirot Netzach* und *Hod*, der Unterschied zwischen ihnen ist nicht sehr groß und oft werden sie in einem Zug genannt. In der jüdischen Mystik werden die beiden *Sefirot* mit den Nieren assoziiert. Von den Nieren heißt es im Talmud (Brachot 61a) dass sie uns Rat geben. Die Nieren sind das Filtersystem des Körpers, sie lassen nicht alles in uns hinein. In gleicher Weise können *Netzach* und *Hod* uns helfen, aus den Informationen, die täglich auf uns einprasseln, diejenigen auszuwählen, die uns helfen, Gutes zu tun und den Rest außer Acht zu lassen.

Satz des Tages: Bescheiden sein bedeutet nicht, sich klein zu machen, sondern seine Fähigkeiten realistisch zu sehen, ohne sich deswegen hervorzuheben.

Zum Nachdenken: Wie verhalte ich mich, wenn ich in einer Position bin, die es erfordert, dass ich eine Führungsrolle übernehme? Bin ich bescheiden, ohne meine Fähigkeiten klein zu reden? Bin ich vielleicht zu zurückhaltend, so dass ich das, was getan werden muss, nicht gut erledigen kann? Gelingt es mir, auch wenn ich eine Führungsrolle habe, dankbar zu bleiben für all das, was mir geschenkt wurde?

Meine Notizen:

95

TAG 33 DES OMER-ZÄHLENS, 18. IJAR

Baruch ata Adonai,
eloheinu melech haolam,
ascher kideschanu bemitzwotaw
wetziwanu al sefirat haomer.

Hajom schloschah uschloschim jom,
schehem arba'ah schawuot
wachamischah jamim laomer.

בָּרוּךְ אַתָּה יְיָ אֱלֹהֵינוּ מֶלֶךְ הָעוֹלָם,
אֲשֶׁר קִדְּשָׁנוּ בְּמִצְוֹתָיו,
וְצִוָּנוּ עַל סְפִירַת הָעֹמֶר.

הַיּוֹם שְׁלֹשָׁה וּשְׁלֹשִׁים יוֹם
שֶׁהֵם אַרְבָּעָה שָׁבוּעוֹת
וַחֲמִשָּׁה יָמִים לָעֹמֶר.

Gelobt seist du, Ewiger, unser Gott,
der uns durch seine Gebote geheiligt hat
und uns aufgetragen hat, die Tage der Omerzeit zu zählen.

Heute ist der 33. Tag (Lag BaOmer),
das sind vier Wochen und fünf Tage der Omerzeit.

SEFIRAH DES TAGES:
Hod schebe Hod

Bescheidenheit in Bescheidenheit

הוד שבהוד

Die Überlieferung sagt, während des Aufstands gegen die Römer in der damaligen römischen Provinz Palästina, in den Jahren 132 bis 135 d.Z. brach eine Seuche unter den Schülern Rabbi Akibas aus, die den Aufstand unterstützten. Am 33. Tag des Omer-Zählens kam diese Seuche plötzlich zum Stillstand und keiner starb mehr. Rabbi Akiba gilt als einer der Väter des rabbinischen Judentums und ist auch einer der zehn Märtyrer, die von den Römern getötet wurden (Jewamot 62b). Rabbi Schimon Bar Jochai, ein Schüler Rabbi Akibas, der auch als Autor des *Sohar*, des grundlegenden Textes der Kabbalah – der jüdischen Mystik – gilt, starb am 33. Tag der Omerzeit.

Die heutige *Sefirah* lässt sich mit den Ereignissen dieses Tages in Verbindung bringen. Im Talmud lernen wir, dass der zweite Tempel in Jerusalem im Jahre 70 u. Z. zerstört wurde, weil im jüdischen Volk unbegründeter Hass grassierte. Wir lernen auch, dass die Schüler Rabbi Akibas sich gegenseitig nicht respektierten sondern einander herabsetzten, was zu der Seuche führte (Joma 9b). *Hod schebe Hod*, Bescheidenheit in Bescheidenheit, erinnert uns daran, dass wir uns hüten sollten, andere vorzuverurteilen und ihre Würde zu verletzen, indem wir sie herabsetzen. Wir sollten uns stets bewusst sein, dass Gott uns so beurteilt, wie wir über andere urteilen.

Satz des Tages: Wir werden von Gott so beurteilt, wie wir andere beurteilen.

Zum Nachdenken: Gibt es Zeiten, in denen ich anderen mit Arroganz und Herabsetzung begegne und erwarte, dass alles so läuft, wie ich es mir vorstelle? Habe ich solche Situationen mit anderen erlebt? Was hilft mir, in Bescheidenheit zu wachsen?

Meine Notizen:

TAG 34 DES OMER-ZÄHLENS, 19. IJAR

Baruch ata Adonai,
eloheinu melech haolam,
ascher kideschanu bemitzwotaw
wetziwanu al sefirat haomer.

בָּרוּךְ אַתָּה יְיָ אֱלֹהֵינוּ מֶלֶךְ הָעוֹלָם,
אֲשֶׁר קִדְּשָׁנוּ בְּמִצְוֹתָיו,
וְצִוָּנוּ עַל סְפִירַת הָעֹמֶר.

Hajom arba'ah uschloschim jom,
schehem arba'ah schawuot
weschischah jamim laomer.

הַיּוֹם אַרְבָּעָה וּשְׁלֹשִׁים יוֹם
שֶׁהֵם אַרְבָּעָה שָׁבוּעוֹת
וְשִׁשָּׁה יָמִים לָעֹמֶר.

Gelobt seist du, Ewiger, unser Gott,
der uns durch seine Gebote geheiligt hat
und uns aufgetragen hat, die Tage der Omerzeit zu zählen.

Heute ist der 34. Tag,
das sind vier Wochen und sechs Tage der Omerzeit.

SEFIRAH DES TAGES:
Jesod schebe Hod

Verbundenheit in Bescheidenheit

יְסוֹד שֶׁבְּהוֹד

Jesod steht für die Verbundenheit und das Geerdet-Sein in der Realität. Es kann Zeiten im Leben geben, in denen wir uns fühlen, als hätte uns das Leben übel mitgespielt. Wir könnten denken, dass wir besser hätten behandelt werden müssen, sei es von unseren Nächsten oder von einer Behörde oder dem/r Autofahrer/in, der/die uns die Vorfahrt genommen hat, und sind deswegen frustriert und wütend. *Jesod* erinnert uns an das, was wirklich wichtig ist, und hilft uns, unsere Energie dorthin zu lenken, wo wir sie besser nutzen können. *Hod* – Bescheidenheit – ist ein besserer Nutzen für unsere Energie. Es gibt so vieles, für das wir dankbar sein können und so viel Schönheit, die wir wahrnehmen können, wenn wir dafür offen sind. *Hod* kann auch für Hingabe stehen, indem wir uns dem Lebensfluss hingeben und im Moment sind. So können wir zu mehr Lebenszufriedenheit finden und vielleicht auch in unserem Leben unsere leise, zaghafte innere Stimme wahrnehmen, die uns darauf hinweist, dass es noch etwas Größeres in der Welt gibt.

Satz des Tages: Indem ich mich den Gegebenheiten meines Lebens, die ich nicht ändern kann, ergebe oder hingebe, kann ich in meiner Lebenszufriedenheit wachsen.

Zum Nachdenken: Wann hatte ich zuletzt das Gefühl, dass das Leben mir übel mitgespielt hat? War dieses Gefühl im Nachhinein gerechtfertigt? Was hätte mir geholfen, mich nicht in diesem Gefühl zu verlieren? Nehme ich meinen Körper als gegeben hin? Wie kann es mir gelingen, dankbar für meinen Körper zu sein und alles, was er für mich tut?

Meine Notizen:

Baruch ata Adonai,
eloheinu melech haolam,
ascher kideschanu bemitzwotaw
wetziwanu al sefirat haomer.

בָּרוּךְ אַתָּה יְיָ אֱלֹהֵינוּ מֶלֶךְ הָעוֹלָם,
אֲשֶׁר קִדְּשָׁנוּ בְּמִצְוֹתָיו,
וְצִוָּנוּ עַל סְפִירַת הָעֹמֶר.

Hajom chamischah uschloschim jom,
schehem chamischah schawuot laomer.

הַיּוֹם חֲמִשָּׁה וּשְׁלֹשִׁים יוֹם
שֶׁהֵם חֲמִשָּׁה שָׁבוּעוֹת לָעֹמֶר.

Gelobt seist du, Ewiger, unser Gott,
der uns durch seine Gebote geheiligt hat
und uns aufgetragen hat, die Tage der Omerzeit zu zählen.

Heute ist der 35. Tag,
das sind fünf Wochen der Omerzeit.

SEFIRAH DES TAGES:
Malchut schebe Hod

Beherrschung in Bescheidenheit

מלכות שבהוד

Auch zum Ende der Woche, die sich mit *Hod*, Bescheidenheit beschäftigt, wenn die *Sefirah Hod* auf *Malchut* trifft, geht es darum, Bescheidenheit in alle Bereiche unseres Lebens zu integrieren. Bei *Malchut* sind wir eingeladen, uns bewusst zu werden, dass wir von Gottes Schöpfung umgeben sind und auch ein Teil davon sind. Wir sind ein kleiner Teil dieses großen Ganzen, und gemäß der jüdischen Tradition leben wir, weil wir durch den göttlichen Atem belebt wurden. Für uns gilt es, in diesem großen Ganzen mit Bescheidenheit den uns zustehenden Platz einzunehmen. Manchmal mag uns dies gut gelingen, zu anderen Zeiten fällt es uns schwer. Vielleicht gelingt es uns leichter, uns in der Natur mit etwas Größerem verbunden zu fühlen, oder wenn wir von Menschen umgeben sind, die uns unterstützen und wertschätzen. Zu anderen Zeiten mag es uns weniger gut gelingen, wenn der Arbeitsalltag uns beschäftigt oder wenn wir Menschen begegnen, mit denen wir uns nicht gut verstehen. Wir sind auch angehalten, unser Ego beherrschen zu lernen, sodass wir lernen können, auf andere zu achten und nicht nur unseren eigenen Bedürfnissen zu folgen und uns unsere Erfolge nicht arrogant werden lassen. Gleichzeitig hilft uns die Beherrschung von Bescheidenheit auch, weiterhin in uns ruhen zu können, wenn wir von anderen gekränkt werden. Wir kennen unseren Wert und unseren Platz im Leben und sind daher nicht mehr auf die Meinung anderer angewiesen. So können wir verletzende Bemerkungen loslassen, da wir ihnen keine Macht über uns und unser Leben geben.

Satz des Tages: Ich bin ein Teil des großen Ganzen, ich nehme den mir zustehenden Platz ein, aber nicht mehr.

Zum Nachdenken: Gelingt es mir, von anderen Menschen zu lernen, auch von denen, die vielleicht noch nicht so viel Lebenserfahrung haben wie wir selber? Gelingt es mir, meine eigenen Erfahrungen wertzuschätzen und anzunehmen? Wie gelingt es mir, mit kränkenden Bemerkungen umzugehen?

Meine Notizen:

יְסוֹד

6

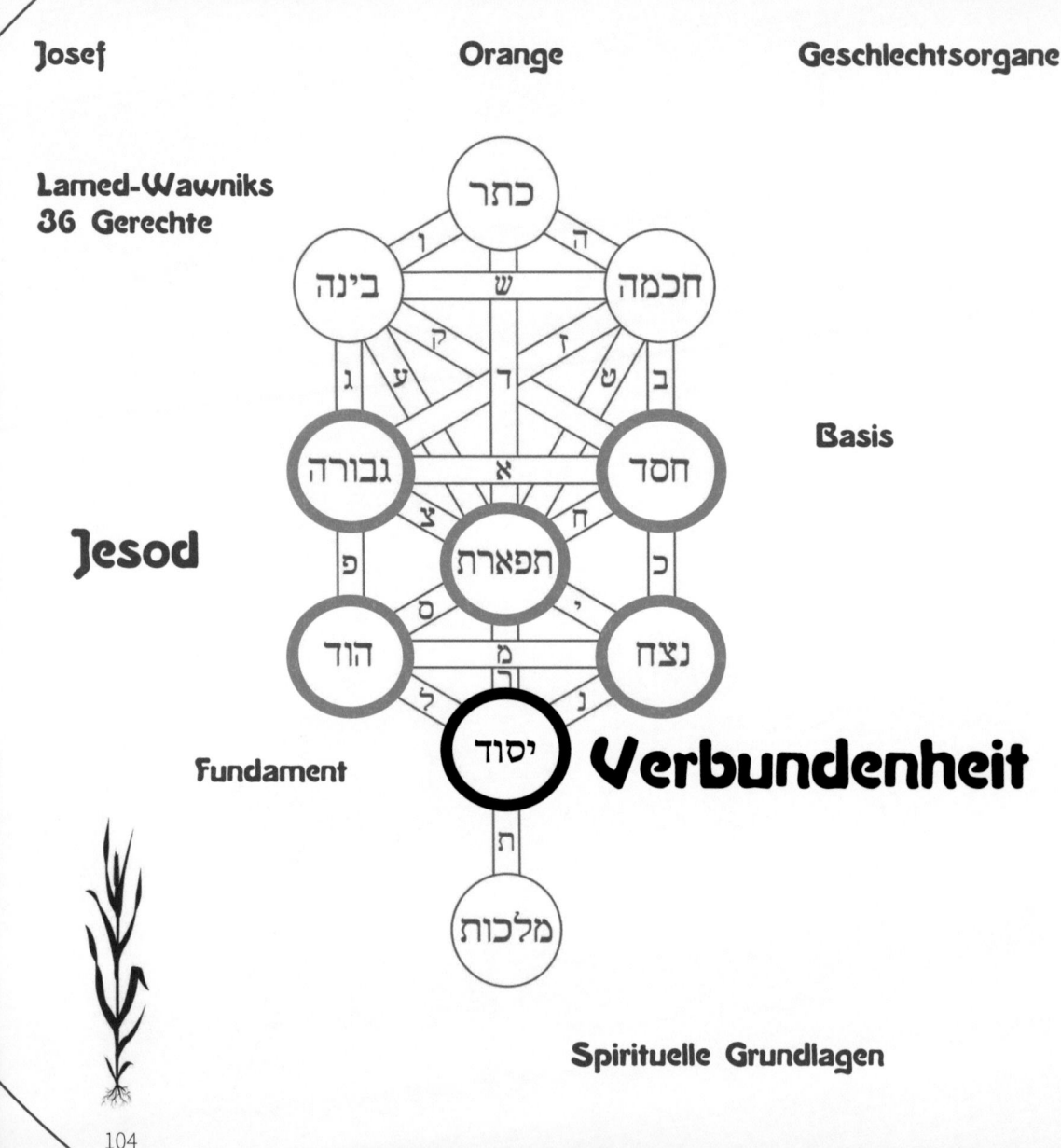

Josef

Orange

Geschlechtsorgane

Lamed-Wawniks
36 Gerechte

Basis

Jesod

Verbundenheit

Fundament

Spirituelle Grundlagen

Jesod

Jesod steht für die Verbindung zwischen Menschen und auch für die Grundfesten, auf denen unser Leben ruht. Im Lebensbaum ist die *Sefirah* weiter unten angeordnet, da es ihre Aufgabe ist, die Energien der oberen *Sefirot* aufzunehmen und zu bündeln und gleichzeitig dafür zu sorgen, dass die oberen *Sefirot* stabil an ihren Plätzen stehen. In unserem Leben kann *Jesod* für die spirituelle Grundlage stehen, auf der wir unser Leben aufbauen können und die uns trägt, wenn es notwendig ist. Diese Grundlage kann auch unsere Motivation sein, mit anderen in Verbindung zu treten und mit ihnen langfristige Beziehungen jedweder Art einzugehen. Da es immer ein gewisses Risiko ist, neue Freundschaften und Beziehungen aufzubauen, da wir unser Gegenüber meist noch nicht so gut kennen, brauchen wir eine gewisse Sicherheit, eine sichere Basis, die wir in *Jesod* haben. Wenn *Jesod* kultiviert wird, gelingt es in Beziehungen, dass beide Seiten sich wahrgenommen und gehört fühlen und dass die verschiedenen Bedürfnisse, die mitgebracht werden, erfüllt werden. Das Gegenteil tritt ein, wenn *Jesod* aus der Balance geraten ist. Dann wird die Beziehung von einer Seite benutzt, um eigennützige Bedürfnisse durchzusetzen und die andere Seite unterzubuttern. Auch hier gilt es wieder, den Mittelweg auszutarieren.

TAG 36 DES OMER-ZÄHLENS, 21. IJAR

Baruch ata Adonai,
eloheinu melech haolam,
ascher kideschanu bemitzwotaw
wetziwanu al sefirat haomer.

בָּרוּךְ אַתָּה יְיָ אֱלֹהֵינוּ מֶלֶךְ הָעוֹלָם,
אֲשֶׁר קִדְּשָׁנוּ בְּמִצְוֹתָיו,
וְצִוָּנוּ עַל סְפִירַת הָעְמֶר.

Hajom schischah uschloschim jom,
schehem chamischah schawuot
wejom echad laomer.

הַיּוֹם שִׁשָּׁה וּשְׁלשִׁים יוֹם
שֶׁהֵם חֲמִשָּׁה שָׁבוּעוֹת
וְיוֹם אֶחָד לָעְמֶר.

Gelobt seist du, Ewiger, unser Gott,
der uns durch seine Gebote geheiligt hat
und uns aufgetragen hat, die Tage der Omerzeit zu zählen.

Heute ist der 36. Tag,
das sind fünf Wochen und ein Tag der Omerzeit.

SEFIRAH DES TAGES:
Chesed schebe Jesod

Liebende Güte/Mitgefühl in Verbundenheit

חסד שביסוד

Chesed schebe Jesod erinnert uns daran, anderen aus Mitgefühl zu helfen. In der Torah werden wir angehalten zu geben: »Wo aber in dem Land, das der Ewige, dein Gott, dir gibt, in irgendeiner Stadt einer von deinen Brüdern bedürftig sein wird, so verhärte dein Herz nicht und verschließe deine Hand nicht gegen deinen bedürftigen Bruder« (5. Buch Moses 15,7). Wenn wir anderen mit Mitgefühl helfen, wächst neben unserer Zufriedenheit auch unsere eigene Stärke, während ihnen geholfen wird. Dies zeigt uns, dass wir Menschen einander brauchen und oft aufeinander angewiesen sind. Unsere guten Taten können andere inspirieren, auch tätig zu werden. Darüber hinaus kann unsere gute Tat auch andere anregen, weitere gute Taten zu vollbringen. *Chesed schebe Jesod* zeigt sich in unserem Tätigsein für andere, seien es kleine oder große Taten. Heute ist der 36. Tag des Omer-Zählens. Eine jüdische Legende besagt, dass es stets 36 Gerechte gibt, auf denen das Schicksal der Welt ruht und die im Verborgenen wirken. Der Überlieferung nach sind sie es, wegen denen Gott die Welt erhält, egal auf welchen moralischen Abwegen der Rest der Menschheit ist. Ihre Identität ist weder den anderen Menschen noch ihnen selbst bekannt. Wenn einem von ihnen bewusst wird, dass er zu den 36 Gerechten gehört, stirbt er, und dann nimmt sofort jemand anderes seinen Platz ein.

Satz des Tages: Wenn wir durch unsere Taten etwas Positives in die Welt bringen, kann dies andere inspirieren, auch tätig zu werden.

Zum Nachdenken: Vielleicht gehört ja jemand von den Menschen, denen ich heute begegne, zu den 36 Gerechten. Wie werde ich ihm/ihr begegnen? Der Prophet Jesaja hält uns an: »Gewöhnt euch, Gutes zu tun, fördert das Recht, steht bei den Vergewaltigten, sprecht Recht der Waise, nehmet euch der Witwe an« (Jesaja 1,17). Wie kann ich diese Aufgaben, auf meine Art, in meinem Leben umsetzen und heute auf jemanden zugehen?

Meine Notizen:

TAG 37 DES OMER-ZÄHLENS, 22. IJAR

Baruch ata Adonai,
eloheinu melech haolam,
ascher kideschanu bemitzwotaw
wetziwanu al sefirat haomer.

בָּרוּךְ אַתָּה יְיָ אֱלֹהֵינוּ מֶלֶךְ הָעוֹלָם,
אֲשֶׁר קִדְּשָׁנוּ בְּמִצְוֹתָיו,
וְצִוָּנוּ עַל סְפִירַת הָעֹמֶר.

Hajom schiw'ah uschloschim jom,
schehem chamischah schawuot
uschne jamim laomer.

הַיּוֹם שִׁבְעָה וּשְׁלֹשִׁים יוֹם
שֶׁהֵם חֲמִשָׁה שָׁבוּעוֹת
וּשְׁנֵי יָמִים לָעֹמֶר.

Gelobt seist du, Ewiger, unser Gott,
der uns durch seine Gebote geheiligt hat
und uns aufgetragen hat, die Tage der Omerzeit zu zählen.

Heute ist der 37. Tag,
das sind fünf Wochen und zwei Tage der Omerzeit.

SEFIRAH DES TAGES:
Gewurah schebe Jesod

Disziplin in Verbundenheit

Wenn wir eine starke Basis für etwas schaffen wollen, sei es eine spirituelle Praxis, die wir regelmäßig ausüben, sei es eine Beziehung oder das Zusammenwachsen einer Gemeinschaft, brauchen wir Kraft. Allerdings keine körperliche Kraft, sondern wir benötigen Urteilsvermögen, um abschätzen zu können, was wann nötig ist und wem wir auf unserem Weg trauen können. Die heutige *Sefirah, Gewurah schebe Jesod,* erinnert uns daran, unsere Fähigkeiten wertzuschätzen, die uns helfen, ein Fundament für etwas in unserem Leben zu schaffen. Vielleicht können wir dies auch wörtlich verstehen und dankbar dafür sein, dass wir mit unseren Händen und dem entsprechenden Werkzeug etwas entstehen lassen können. Um mit unseren Werkzeugen umgehen zu können, brauchen wir jedoch Übung und Erfahrung und Zeit zum Üben, um uns Erfahrung anzueignen. *Gewurah* – Stärke/Disziplin – hilft uns, unsere Energie fokussiert dorthin zu lenken, wo wir sie brauchen. Da unsere Energie sowie auch unsere Lebenszeit eine begrenzte Ressource ist, sollten wir uns gut überlegen, wie und für was wir sie einsetzen. Leider verschwenden wir oft unsere Energie, indem wir Kränkungen lange nicht loslassen können oder uns in Streitereien verlieren, oder indem wir Intrigen schmieden, um unsere Ziele hinterrücks durchzusetzen.

Satz des Tages: Wir brauchen Disziplin, um unsere Energie dorthin zu lenken, wo wir sie einsetzen möchten.

Zum Nachdenken: Wo in meinem Leben gelingt es mir gut, meine Energie zu lenken und zu fokussieren, in welchen Bereichen gelingt es mir weniger? Für was möchte ich meine Energie einsetzen? Nutze ich meine Energie zum Positiven oder verschwende ich sie, indem ich Ärger und Groll noch sehr lange mit mir herumtrage und immer wieder aufwärme?

Meine Notizen:

TAG 38 DES OMER-ZÄHLENS, 23. IJAR

Baruch ata Adonai,
eloheinu melech haolam,
ascher kideschanu bemitzwotaw
wetziwanu al sefirat haomer.

בָּרוּךְ אַתָּה יְיָ אֱלֹהֵינוּ מֶלֶךְ הָעוֹלָם,
אֲשֶׁר קִדְּשָׁנוּ בְּמִצְוֹתָיו,
וְצִוָּנוּ עַל סְפִירַת הָעֹמֶר.

Hajom schmonah uschloschim jom,
schehem chamischah schawuot
uschloschah jamim laomer.

הַיּוֹם שְׁמוֹנָה וּשְׁלֹשִׁים יוֹם
שֶׁהֵם חֲמִשָּׁה שָׁבוּעוֹת
וּשְׁלֹשָׁה יָמִים לָעֹמֶר.

Gelobt seist du, Ewiger, unser Gott,
der uns durch seine Gebote geheiligt hat
und uns aufgetragen hat, die Tage der Omerzeit zu zählen.

Heute ist der 38. Tag,
das sind fünf Wochen und drei Tage der Omerzeit.

Mitgefühl in Verbundenheit

תפארת שביסוד

110

In der jüdischen Mystik wird *Jesod*, die *Sefirah*, die alle neuen Ideen hervorbringt, im Torso lokalisiert, dort, wo auch ein Kind heranwächst. In der jüdischen Mystik werden Ja'akob und Josef, Vater und Sohn, mit *Tiferet* und *Jesod* verbunden. Josef war sehr wichtig für seinen Vater Ja'akob, da durch ihn Ja'akobs Werte weitergetragen und verbreitet wurden und auch, weil sich durch ihn Ja'akobs Familie vergrößerte. Es geht also bei der heutigen *Sefirah* darum, nicht nur Ideen zu haben, sondern diese auch weiterzutragen, so dass sie sich vermehren und andere bereichern können. Wenn wir dies nicht tun, kommen unsere Ideen nie zur Verwirklichung. *Jesod*, Verbundenheit, liegt auf dem kabbalistischen Lebensbaum direkt unter *Tiferet*. Unsere Ideen fließen sozusagen nach unten, um durch die Verbundenheit zu unserer Umwelt verwirklicht zu werden. Von Josef heißt es im 1. Buch Moses: »Da bespannte Josef seinen Wagen und zog seinem Vater Jisrael entgegen nach Gosen; als dieser ihm zu Gesicht kam, fiel er ihm um den Hals und weinte lange an seinem Hals« (Genesis 46:29). Im übertragenen Sinn kann das Bespannen des Wagens für das Kontrollieren von Josefs Gefühlen stehen. Auch wir können unsere wilden Pferde, unsere unruhigen Gedanken und all die Wünsche, die uns hin- und herwerfen, zügeln und zum Guten nutzen.

Satz des Tages: Ideen wollen weitergetragen und verwirklicht werden.

Zum Nachdenken: Manche Wissenschaftler gehen davon aus, dass unsere Ideen unsere Wirklichkeit schaffen. Wenn wir unsere Art zu denken verändern, können wir somit auch unsere Wirklichkeit umgestalten. Gelingt es mir, mich selbst als ausgeglichen, mitfühlend und freundlich zu sehen und dadurch mein Handeln zu beeinflussen? Was macht es mit mir, wenn ich andere in diesem Licht sehe?

Meine Notizen:

Baruch ata Adonai,
eloheinu melech haolam,
ascher kideschanu bemitzwotaw
wetziwanu al sefirat haomer.

בָּרוּךְ אַתָּה יְיָ אֱלֹהֵינוּ מֶלֶךְ הָעוֹלָם,
אֲשֶׁר קִדְּשָׁנוּ בְּמִצְוֹתָיו,
וְצִוָּנוּ עַל סְפִירַת הָעֹמֶר.

Hajom tisch'ah uschloschim jom,
schehem chamischah schawuot
we'arba'ah jamim laomer.

הַיּוֹם תִּשְׁעָה וּשְׁלֹשִׁים יוֹם
שֶׁהֵם חֲמִשָּׁה שָׁבוּעוֹת
וְאַרְבָּעָה יָמִים לָעֹמֶר.

Gelobt seist du, Ewiger, unser Gott,
der uns durch seine Gebote geheiligt hat
und uns aufgetragen hat, die Tage der Omerzeit zu zählen.

Heute ist der 39. Tag,
das sind fünf Wochen und vier Tage der Omerzeit.

SEFIRAH DES TAGES:
Netzach schebe Jesod

Durchhaltevermögen in Verbundenheit

נצח שביסוד

Jesod steht nicht nur für Durchhaltevermögen, sondern auch für Basis oder Grundfeste. Wir werden heute daran erinnert, dass es immer wieder wichtig ist, an der Basis zu arbeiten und sie weiter zu stärken und nicht als gegeben hinzunehmen. Dies gilt für alle Bereiche unseres Lebens, Beziehungen, unsere Arbeit, den Bereich der Spiritualität und auch dafür, wie wir uns um unseren Körper kümmern, damit wir uns möglichst wohl fühlen können. *Jesod* steht auch für die Kraft in unserer Seele, die mit der Realität unserer äußeren Welt in Kontakt tritt und kommuniziert. Wenn es uns bei der Arbeit an unseren Grundfesten an Durchhaltevermögen fehlt, wird es schwierig, geerdet zu sein und uns von dieser Basis aus weiterzuentwickeln. Wenn ein Musiker nicht täglich übt, wird er irgendwann in seiner künstlerischen Entwicklung nicht weiterkommen. Beziehungen, die wir nicht pflegen, werden irgendwann vermutlich auseinander gehen. Wenn es uns nicht gelingt, in gutem Kontakt mit unserer Außenwelt und mit den Ereignissen unseres Lebens zu treten, kann es sein, dass wir zu Menschen werden, die oft jammern und andere kritisieren. Es ist wichtig, die Verantwortung für unser Leben zu übernehmen, statt andere für unsere Schwierigkeiten verantwortlich zu machen.

Satz des Tages: Wenn ich die Grundfesten meines Lebens nicht pflege, habe ich keine Basis, um innerlich zu wachsen.

Zum Nachdenken: Was sind die Grundfesten meines Lebens? Was kann ich tun, damit sie fester und tragfähiger werden? Wie sieht es mit meinen körperlichen Grundfesten aus, kann ich meinen Körper stärken, damit er mich besser durchs Leben tragen kann?

Meine Notizen:

TAG 40 DES OMER-ZÄHLENS, 25. IJAR

Baruch ata Adonai,
eloheinu melech haolam,
ascher kideschanu bemitzwotaw
wetziwanu al sefirat haomer.

בָּרוּךְ אַתָּה יְיָ אֱלֹהֵינוּ מֶלֶךְ הָעוֹלָם,
אֲשֶׁר קִדְּשָׁנוּ בְּמִצְוֹתָיו,
וְצִוָּנוּ עַל סְפִירַת הָעֹמֶר.

Hajom arba'im jom,
schehem chamischah schawuot
wachamischah jamim laomer.

הַיּוֹם אַרְבָּעִים יוֹם
שֶׁהֵם חֲמִשָּׁה שָׁבוּעוֹת
וַחֲמִשָּׁה יָמִים לָעֹמֶר.

Gelobt seist du, Ewiger, unser Gott,
der uns durch seine Gebote geheiligt hat
und uns aufgetragen hat, die Tage der Omerzeit zu zählen.

Heute ist der 40. Tag,
das sind fünf Wochen und fünf Tage der Omerzeit.

SEFIRAH DES TAGES:
Hod schebe Jesod

Bescheidenheit in Verbundenheit

הוד שביסוד

Die Zahl 40 begegnet uns in der Torah mehrmals. Im ersten Buch Moses lesen wir von der großen Flut, die 40 Tage dauerte. Mosche blieb 40 Tage auf dem Berg Sinai, bevor er mit den Tafeln wieder herunterkam. 40 Tage sind in der Torah ausreichend, damit sich eine große Veränderung vollziehen kann. Auch wir werden heute, am 40. Tag des Omer-Zählens daran erinnert, dass Veränderungen zwar schwierig, aber möglich sind, und dass wir uns in den letzten Tagen vielleicht schon mehr verändert haben, als wir es gemerkt haben. Vielleicht ist es uns in den letzten 39 Tagen gelungen, uns unsere Verhaltensweisen etwas bewusster zu machen und sie dadurch beeinflussen und ändern zu können. Auch heute sind wir wieder gefordert, bewusst hinzugucken, ob es uns gelingt, durch Bescheidenheit, durch das Sich-Selbst-Zurücknehmen, näher mit anderen zusammenzukommen. Jedes Mal, am Ende des Amidah-Gebets, treten wir zunächst drei Schritte zurück, bevor wir uns in drei Richtungen verbeugen. Dadurch werden wir daran erinnert, uns zurückzunehmen und den Raum für unser Gegenüber zu öffnen.

Satz des Tages: Wenn ich mich zurücknehme, gebe ich meinem Gegenüber Raum, dadurch kann unsere Verbindung gestärkt werden.

Zum Nachdenken: Habe ich in den letzten 39 Tagen meine Lebenszeit und auch meine Gewohnheiten durch das Omer-Zählen bewusster wahrnehmen können? Wie gelingt es mir, meinem Gegenüber Raum einzuräumen, indem ich mich mit Bescheidenheit zurückziehe?

Meine Notizen:

TAG 41 DES OMER-ZÄHLENS, 26. IJAR

Baruch ata Adonai,
eloheinu melech haolam,
ascher kideschanu bemitzwotaw
wetziwanu al sefirat haomer.

בָּרוּךְ אַתָּה יְיָ אֱלֹהֵינוּ מֶלֶךְ הָעוֹלָם,
אֲשֶׁר קִדְּשָׁנוּ בְּמִצְוֹתָיו,
וְצִוָּנוּ עַל סְפִירַת הָעֹמֶר.

Hajom echad we'arba'im jom,
schehem chamischah schawuot
weschischah jamim laomer.

הַיּוֹם אֶחָד וְאַרְבָּעִים יוֹם
שֶׁהֵם חֲמִשָּׁה שָׁבוּעוֹת
וְשִׁשָּׁה יָמִים לָעֹמֶר.

Gelobt seist du, Ewiger, unser Gott,
der uns durch seine Gebote geheiligt hat
und uns aufgetragen hat, die Tage der Omerzeit zu zählen.

Heute ist der 41. Tag,
das sind fünf Wochen und sechs Tage der Omerzeit.

SEFIRAH DES TAGES:
Jesod schebe Jesod

Verbundenheit in Verbundenheit

יְסוֹד שֶׁבִּיסוֹד

Die heutige *Sefirah* lädt uns ein, uns mit dem Aspekt der Verbundenheit in unserem Leben zu beschäftigen. Wir haben schon in den vorhergehenden Wochen immer wieder erlebt, dass es wichtig ist, auch dem Gegenüber Raum zu geben. Dies gilt auch für den Aspekt der Verbundenheit. Wenn wir uns tief mit jemandem verbinden möchten, dann müssen wir der anderen Person erlauben, wirklich sie selbst zu sein, da wir uns sonst nur mit dem Bild verbinden würden, dass wir uns von jemandem gemacht haben. *Jesod schebe Jesod* steht für die tiefste Verbindung, die zwischen zwei Menschen möglich ist, und ist damit auch ein Bild für unsere Verbindung zu Gott. *Jesod* steht auch für die Lebenskraft, die durch sexuelle Energie zum Ausdruck kommen kann. In der Torah werden wir angehalten, den männlichen Samen, der für neue Lebenskraft steht, nicht zu vergeuden (1. Mose 38,9-10). In diesem Sinne sollten wir auch unsere anderen Kräfte nicht vergeuden und uns auf das Wesentliche konzentrieren. Dies mag unsere Gedanken betreffen, die Art wie wir sprechen und unsere Taten. In der Torah gibt uns Josef ein Beispiel für *Jesod schebe Jesod* und wie wir unseren Blick auf das Wesentliche richten können. Als die Frau seines Herren Potiphar ihn verführen wollte, erinnerte Josef sie daran, dass diese Tat viele andere Beziehungen beeinträchtigen und beeinflussen würde (1. Mose 39). So gelang es ihm, standhaft zu bleiben.

Satz des Tages: Heute will ich meine Energie nicht vergeuden sondern gut nutzen, um mich mit anderen zu verbinden.

Zum Nachdenken: Fällt es mir schwer, Bindungen einzugehen? Gelingt es mir vielleicht besser, mich mit meiner Arbeit zu verbinden, als mit den Menschen in meinem Leben? Warum ist das so? Welche Verbindungen habe ich in meiner Kindheit erlebt? Wie beeinflusst mich das noch heute?

Meine Notizen:

TAG 42 DES OMER-ZÄHLENS, 27. IJAR

Baruch ata Adonai,
eloheinu melech haolam,
ascher kideschanu bemitzwotaw
wetziwanu al sefirat haomer.

בָּרוּךְ אַתָּה יְיָ אֱלֹהֵינוּ מֶלֶךְ הָעוֹלָם,
אֲשֶׁר קִדְּשָׁנוּ בְּמִצְוֹתָיו,
וְצִוָּנוּ עַל סְפִירַת הָעֹמֶר.

Hajom schnajim we'arba'im jom,
schehem schischah schawuot laomer.

הַיּוֹם שְׁנַיִם וְאַרְבָּעִים יוֹם
שֶׁהֵם שִׁשָּׁה שָׁבוּעוֹת לָעֹמֶר.

Gelobt seist du, Ewiger, unser Gott,
der uns durch seine Gebote geheiligt hat
und uns aufgetragen hat, die Tage der Omerzeit zu zählen.

Heute ist der 42. Tag,
das sind sechs Wochen der Omerzeit.

Beherrschung in Verbundenheit

מלכות שׁביסוד

118

Malchut *schebe* *Jesod* steht dafür, dass alle langfristigen Beziehungen Arbeit sind und dass wir tätig werden müssen, damit sie Bestand haben können. *Malchut*, das auch für Königtum steht, fordert uns auf, aus einem sozialen Gefüge heraus eine Führungsrolle zu übernehmen, wenn es nötig ist. Wir brauchen die Verbindung zu anderen, um in diese Führungsrolle hineinwachsen zu können, da wir sonst niemanden anleiten könnten und die Führungsrolle obsolet wäre. *Malchut* steht auch für die *Schechina*, die göttliche Gegenwart, die sich in der materiellen Welt manifestiert. Dadurch werden wir daran erinnert, dass uns die Kraft für unsere Führungsrolle von Gott gegeben wird und damit auch die Aufgabe einhergeht, mit anderen in Verbindung zu bleiben. Dies hilft uns auch, in der wirklichen Welt verwurzelt zu bleiben und uns nicht in Traumwelten zu verlieren. *Malchut* und *Jesod* stehen auch für die männlichen und weiblichen Kräfte, die sich verbinden müssen, um etwas Neues zu schaffen. So können unsere Beziehungen nicht nur neues Leben hervorbringen, wir können sie auch als Ausgangspunkt und Kraftquelle nutzen, um auf andere zuzugehen und für sie da zu sein.

Satz des Tages: Aus unseren Beziehungen heraus können wir etwas Positives für andere in die Welt bringen.

Zum Nachdenken: Gibt es Bereiche in meinem Leben, in denen ich nicht in der Wirklichkeit lebe? Wie kann ich mich mehr erden? Gelingt es mir, mir während des Tages immer wieder Zeit zu nehmen, ein paar Mal bewusst zu atmen und mich so zu erden?

Meine Notizen:

7

מלבלות

König David   Blau   Mund

Schechinah   Hände und Füße

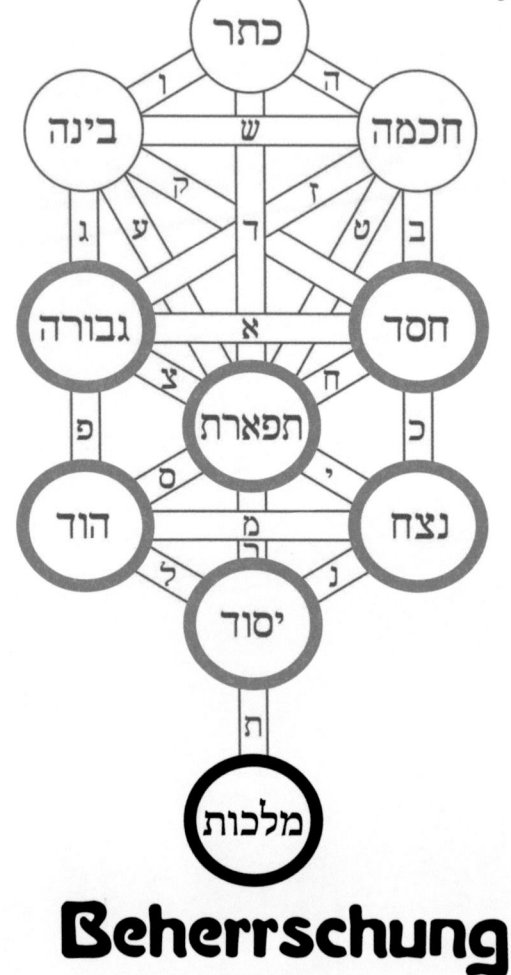

Malchut

König David

Beherrschung

Führungsrolle

Malchut

Nun beginnt die letzte Woche des Omer-Zählens. Wir haben uns sechs Wochen lang vorbereitet und können nun, wie auch am siebten Tag der Woche, eine Pause machen und zurückblicken. Die *Sefirah Malchut* liegt ganz unten auf dem Lebensbaum, dort, wo seine nährenden Wurzeln sind. So wie wir den Schabbat vorbereiten, um ihn dann genießen zu können, so können wir auch die Früchte unserer inneren Arbeit der letzten sechs Wochen jetzt genießen. *Malchut* gilt in der jüdischen Mystik als Mund Gottes und als das Gefäß, das das göttliche Licht halten und dann weitergeben kann. Rabbi Nachman von Bratzlaw lehrt uns, dass wir alle mit unserem eigenen *Malchut* geschaffen wurden. *Machut* steht hier für die Führungsrolle, die uns jeweils individuell zugedacht wurde. Für manche von uns kann das bedeuten, dass wir diese Rolle bei der Arbeit einnehmen, andere nehmen sie in ihrer Familie ein, andere wiederum nehmen diese Rolle sich selbst gegenüber ein. Das Einnehmen und Ausfüllen dieser Rolle bedeutet, dass wir Verantwortung für uns und unser Leben übernehmen. So steht *Malchut* auch für die Beherrschung der Eigenschaften, die wir bekommen haben, um unseren Platz im Leben erfolgreich einnehmen zu können.

Die *Sefirah Malchut* ist auch ein anderer Begriff für die Schechinah, den weiblichen Aspekt des Göttlichen. Im 2. Buch Moses 25,8 heißt es, dass Gottes Gegenwart unter den Kindern Israels wohnen wird. Diese Wohnstatt Gottes wird Schechinah genannt, sie steht auch für die Art und Weise, wie wir Gott in unserem Leben erfahren.

TAG 43 DES OMER-ZÄHLENS, 28. IJAR

Baruch ata Adonai,
eloheinu melech haolam,
ascher kideschanu bemitzwotaw
wetziwanu al sefirat haomer.

Hajom schloschah we'arba'im jom,
schehem schischah schawuot
wejom echad laomer.

בָּרוּךְ אַתָּה יְיָ אֱלֹהֵינוּ מֶלֶךְ הָעוֹלָם,
אֲשֶׁר קִדְּשָׁנוּ בְּמִצְוֹתָיו,
וְצִוָּנוּ עַל סְפִירַת הָעֹמֶר.

הַיּוֹם שְׁלֹשָׁה וְאַרְבָּעִים יוֹם
שֶׁהֵם שִׁשָּׁה שָׁבוּעוֹת
וְיוֹם אֶחָד לָעֹמֶר.

Gelobt seist du, Ewiger, unser Gott,
der uns durch seine Gebote geheiligt hat
und uns aufgetragen hat, die Tage der Omerzeit zu zählen.

Heute ist der 43. Tag,
das sind sechs Wochen und ein Tag der Omerzeit.

SEFIRAH DES TAGES:
Chesed schebe Malchut

Liebende Güte in Beherrschung

חסד שבבמלכות

Wir beginnen nun den ersten Tag der letzten Woche des Omer-Zählens. Vielleicht können wir im Rückblick auf die letzten sechs Wochen feststellen, dass wir unsere Tage und die Chancen für Wachstum, die uns jeder einzelne von ihnen bietet, bewusster wahrgenommen haben und die Zeit nicht ganz so wie immer im alltäglichen Einerlei haben vorbeiziehen lassen. Vielleicht ist uns in Dankbarkeit bewusst geworden, dass es viele Möglichkeiten für unsere Entwicklung gibt und dass wir, je mehr wir geben, auch selbst reich beschenkt werden. *Chesed schebe Malchut* kann uns einen Weg zeigen, wie wir Glück und innere Zufriedenheit finden können. Allzu oft suchen wir das Glück außerhalb von uns selbst und denken uns, wenn wir mehr Geld oder ein größeres Haus oder andere Besitztümer hätten, dann wären wir glücklich. *Chesed* – Liebe, Mitgefühl in Beherrschung – lädt uns ein, etwas für andere zu tun und daraus Freude für uns zu gewinnen. Im Talmud lesen wir von Rabbi Nachum, der, obwohl er blind war und seine Hände und Füße amputiert waren und seine Haut mit Geschwüren bedeckt war, egal was ihm widerfuhr, sagte: *gam su le tova*, »auch dies ist zum Guten«. Er war aktiv bemüht, hinter allem Schlechten das Gute zu suchen und er vertraute darauf, dass es hinter allem etwas Gutes gab, auch wenn er es noch nicht sehen konnte (Ta'anit 21a).

Satz des Tages: Glück erfahren wir nicht durch materielle Güter, sondern indem wir anderen geben.

Zum Nachdenken: Wann war ich das letzte Mal sehr glücklich? Gelingt es mir, hinter scheinbar schlechten Ereignissen etwas Positives zu sehen? Ist es mir in den letzten sechs Wochen gelungen, meine Tage bewusster wahrzunehmen?

Meine Notizen:

TAG 44 DES OMER-ZÄHLENS, 29. IJAR

Baruch ata Adonai,
eloheinu melech haolam,
ascher kideschanu bemitzwotaw
wetziwanu al sefirat haomer.

בָּרוּךְ אַתָּה יְיָ אֱלֹהֵינוּ מֶלֶךְ הָעוֹלָם,
אֲשֶׁר קִדְּשָׁנוּ בְּמִצְוֹתָיו,
וְצִוָּנוּ עַל סְפִירַת הָעֹמֶר.

Hajom arba'ah we'arba'im jom,
schehem schischah schawuot
uschne jamim laomer.

הַיּוֹם אַרְבָּעָה וְאַרְבָּעִים יוֹם
שֶׁהֵם שִׁשָּׁה שָׁבוּעוֹת
וּשְׁנֵי יָמִים לָעֹמֶר.

Gelobt seist du, Ewiger, unser Gott,
der uns durch seine Gebote geheiligt hat
und uns aufgetragen hat, die Tage der Omerzeit zu zählen.

Heute ist der 44. Tag,
das sind sechs Wochen und zwei Tage der Omerzeit.

SEFIRAH DES TAGES:
Gewurah schebe Malchut

Disziplin in Beherrschung

גְּבוּרָה שֶׁבְּמַלְכוּת

Die *Sefirah Gewurah* wird manchmal auch als *Din* – Beurteilung oder Gericht – bezeichnet. Heute sind wir eingeladen, uns Gedanken zu machen, wie wir unsere Prinzipien in der Welt umsetzen können. Dazu brauchen wir ein gutes Urteilsvermögen, das wir uns durch Lebenserfahrung, Nachdenken und das Einholen von Ratschlägen erwerben können. Ein gutes Urteilsvermögen ist auch nötig, wenn wir uns aufmachen, eine Verbindung zu *Malchut*, das auch für die göttliche Gegenwart steht, die unserem Leben innewohnt, aufzubauen. Es ist allzu leicht, sich im ersten Überschwang der Begeisterung in ein religiöses Leben zu stürzen, zu beten, zu versuchen, viele *Mitzwot* im Alltag umzusetzen und vielleicht auch zu meditieren. Hier gilt es, das rechte Maß zu finden, so dass wir nicht, wenn die erste Begeisterung abgeklungen ist, das Interesse verlieren. Oft passiert es auch, dass Menschen eine tiefe spirituelle Erfahrung machen und nun ihr Leben ganz danach ausrichten, diese Erfahrung zu wiederholen, dann aber enttäuscht sind, wenn dies nicht möglich ist. Hier brauchen wir *Gewurah* und *Din*, um zu wissen, wo der Mittelweg liegt, wie wir zu *Malchut* finden können, ohne auf Abwege zu geraten. Auch im Alltag kann uns *Gewurah schebe Malchut* helfen, uns nicht in unseren Prinzipien zu verlieren und ein Prinzipienreiter zu werden, sondern ein gutes Urteilsvermögen an den Tag zu legen und zu entscheiden, wann wir unsere Energie einsetzen und welcher Kampf sich nicht lohnt.

Satz des Tages: Mit Urteilsvermögen können wir entscheiden, welcher Kampf sich lohnt und wann wir uns besser zurückhalten.

Zum Nachdenken: Wie ist es um mein Urteilsvermögen bestellt, gelingt es mir, gute Entscheidungen zu treffen und meine Energie bewusst einzusetzen? Welche Beziehung habe ich zur *Schechina*, der göttlichen Gegenwart, in meinem Leben? Möchte ich eine andere Beziehung zur Schechina haben? Wenn ja, was kann ich dafür tun?

Meine Notizen:

TAG 45 DES OMER-ZÄHLENS, 1. SIVAN

Baruch ata Adonai,
eloheinu melech haolam,
ascher kideschanu bemitzwotaw
wetziwanu al sefirat haomer.

בָּרוּךְ אַתָּה יְיָ אֱלֹהֵינוּ מֶלֶךְ הָעוֹלָם,
אֲשֶׁר קִדְּשָׁנוּ בְּמִצְוֹתָיו,
וְצִוָּנוּ עַל סְפִירַת הָעֹמֶר.

Hajom chamischah we'arba'im jom,
schehem schischah schawuot
uschloschah jamim laomer.

הַיּוֹם חֲמִשָּׁה וְאַרְבָּעִים יוֹם
שֶׁהֵם שִׁשָּׁה שָׁבוּעוֹת
וּשְׁלֹשָׁה יָמִים לָעֹמֶר.

Gelobt seist du, Ewiger, unser Gott,
der uns durch seine Gebote geheiligt hat
und uns aufgetragen hat, die Tage der Omerzeit zu zählen.

Heute ist der 45. Tag,
das sind sechs Wochen und drei Tage der Omerzeit.

SEFIRAH DES TAGES:
Tiferet schebe Malchut

Mitgefühl in Beherrschung

תפארת שבמלכות

Gestern haben wir uns damit beschäftigt, dass auch eine spirituelle Suche und Entwicklung gelenkt und bewusst gestaltet werden sollte, damit wir nicht auf Abwege geraten und uns verlieren. Heute lernen wir, dass eine spirituelle Entwicklung wenig Wert hat, wenn wir keine mitfühlenden Menschen sind. Unsere Aufgabe ist es, durch *Tiferet*, Mitgefühl, und mitfühlende Taten mehr *Malchut*, göttliche Gegenwart, in die Welt zu bringen. Dazu müssen wir die Menschen um uns herum wahrnehmen, wertschätzen und entsprechend behandeln. *Malchut* steht auch für die Führungsrolle, die wir in manchen Bereichen des Lebens innehaben. In der Torah werden wir darauf hingewiesen, dass eine Führungspersönlichkeit anderen dienen sollte. Auch wenn die folgenden Anweisungen speziell für Richter gelten, können auch wir davon profitieren. Im 2. Buch Moses, Exodus 23,8 heißt es: »Bestechung sollst du nicht annehmen, denn die Bestechung macht die Scharfsichtigen blind und verdreht die Worte der Gerechten«. Auch wenn vermutlich die meisten von uns noch nie direkt bestochen wurden, so sind wir doch alle anfällig für Schmeicheleien und verhalten uns vielleicht jemandem gegenüber anders, der uns das Gefühl gegeben hat, sehr klug und fähig zu sein, oder wir verhalten uns gegenüber jemandem anders, weil wir auf eine Gegenleistung hoffen. Hier gilt es uns bewusst zu sein, dass wir allen Menschen gleichermaßen mit Mitgefühl begegnen sollten und nicht nur dann, wenn wir auf eine Gegenleistung hoffen.

Satz des Tages: Uns ist die Aufgabe gegeben, durch gute Taten die göttliche Gegenwart in der Welt sichtbar und spürbar werden zu lassen.

Zum Nachdenken: In welchen Situationen bin ich bestechlich? Welche Auswirkung haben Schmeicheleien auf mich? Wie kann es mir gelingen, heute die göttliche Gegenwart in der Welt sichtbar zu machen?

Meine Notizen:

TAG 46 DES OMER-ZÄHLENS, 2. SIVAN

Baruch ata Adonai,
eloheinu melech haolam,
ascher kideschanu bemitzwotaw
wetziwanu al sefirat haomer.

בָּרוּךְ אַתָּה יְיָ אֱלֹהֵינוּ מֶלֶךְ הָעוֹלָם,
אֲשֶׁר קִדְּשָׁנוּ בְּמִצְוֹתָיו,
וְצִוָּנוּ עַל סְפִירַת הָעֹמֶר.

Hajom schischah we'arba'im jom,
schehem schischah schawuot
we'arba'ah jamim laomer.

הַיּוֹם שִׁשָּׁה וְאַרְבָּעִים יוֹם
שֶׁהֵם שִׁשָּׁה שָׁבוּעוֹת
וְאַרְבָּעָה יָמִים לָעֹמֶר.

Gelobt seist du, Ewiger, unser Gott,
der uns durch seine Gebote geheiligt hat
und uns aufgetragen hat, die Tage der Omerzeit zu zählen.

Heute ist der 46. Tag,
das sind sechs Wochen und vier Tage der Omerzeit.

SEFIRAH DES TAGES:
Netzach schebe Malchut

Durchhaltevermögen in Beherrschung

נצח שבמלכות

Die heutige *Sefirah* erinnert uns daran, dass wir auf unserem Weg zu unserem persönlichen *Malchut* – unserem persönlichen Königtum – der Beherrschung dessen, was wir in diesem Leben umsetzen möchten, viel Durchhaltevermögen brauchen. Oft müssen wir auf unserem Weg Niederlagen einstecken, indem wir vielleicht eine Prüfung nicht schaffen, eine lange Zeit arbeitslos sind, von anderen gesagt bekommen, dass wir nicht qualifiziert genug sind, um unseren Traumberuf auszuüben. Was es auch immer ist, hier brauchen wir Durchhaltevermögen und den Glauben an uns selbst.

Auch heute gibt es wieder ein Beispiel aus der Torah, das uns *Netzach schebe Malchut* zeigt. König David verkörperte beide Eigenschaften, als er gegen seine Feinde kämpfte. Als er dem Riesen Goliath und später dem Heer der Philister gegenübertrat, sahen seine Erfolgsaussichten düster aus. David jedoch glaubte an seinen Erfolg und konnte beide Kämpfe durch seine innere Einstellung gewinnen. Doch nicht immer liegen diese Kämpfe im Äußeren. Auch König Davids wichtigste Schlacht fand im Dienste an Gott in seinem Inneren statt. Es gilt auch für uns, dass wir unsere inneren Schlachten schlagen müssen, unsere Zweifel und Ängste überwinden müssen, um die äußeren Hürden nehmen zu können.

Satz des Tages: Erst wenn wir unsere inneren Kämpfe geschlagen haben, können wir auch äußere Hürden überwinden.

Zum Nachdenken: Was ist meine innere Einstellung gegenüber meinen Schwierigkeiten? Welche Zweifel und Ängste muss/musste ich überwinden, um an mein Ziel zu kommen? Was kann mir helfen, mehr Durchhaltevermögen zu entwickeln?

Meine Notizen:

TAG 47 DES OMER-ZÄHLENS, 3. SIVAN

Baruch ata Adonai,
eloheinu melech haolam,
ascher kideschanu bemitzwotaw
wetziwanu al sefirat haomer.

בָּרוּךְ אַתָּה יְיָ אֱלֹהֵינוּ מֶלֶךְ הָעוֹלָם,
אֲשֶׁר קִדְּשָׁנוּ בְּמִצְוֹתָיו,
וְצִוָּנוּ עַל סְפִירַת הָעֹמֶר.

Hajom schiv'ah we'arba'im jom,
schehem schischah schawuot
wachamischah jamim laomer.

הַיּוֹם שִׁבְעָה וְאַרְבָּעִים יוֹם
שֶׁהֵם שִׁשָּׁה שָׁבוּעוֹת
וַחֲמִשָּׁה יָמִים לָעֹמֶר.

Gelobt seist du, Ewiger, unser Gott,
der uns durch seine Gebote geheiligt hat
und uns aufgetragen hat, die Tage der Omerzeit zu zählen.

Heute ist der 47. Tag,
das sind sechs Wochen und fünf Tage der Omerzeit.

SEFIRAH DES TAGES:
Hod schebe Malchut

Bescheidenheit in Beherrschung

הוֹד שֶׁבְּמַלְכוּת

Hod schebe Malchut fordert uns auf, uns zu fragen, ob es uns in unseren Führungsrollen gelungen ist, bescheiden zu bleiben und ob wir es uns selbst und anderen gegenüber eingestehen konnten, dass wir Fehler gemacht haben. Je mehr wir in Bescheidenheit wachsen, desto mehr Raum können wir anderen lassen. Dies wiederum kommt unserer Führungsrolle zugute. Eine Führungsrolle nehmen wir nicht nur ein, wenn wir eine Firma leiten. Wir alle sind hin und wieder in der Position, dass wir vorangehen müssen und anderen etwas zeigen oder beibringen können. Dies kann an unserem Arbeitsplatz oder in unserer Familie sein. Im babylonischen Talmud (Sanhedrin 21a) lernen wir, dass Bescheidenheit für Menschen in Führungsrollen auch in der Torah eine große Rolle spielt. Die Gesetze, die für einen König gelten, sind besonders streng. Ihm wird aufgetragen, zwei Torahrollen zu schreiben: die eine, die er immer mit sich führt und die andere, die er zuhause aufbewahrt, damit er seinen Platz im gesellschaftlichen Gefüge nicht vergisst und sich nicht überschätzt. In den Sprüchen der Väter 4,1 heißt es: »Wer ist geehrt? Wer die Menschen ehrt, denn es heißt, wer mich ehrt, den ehre ich, aber wer mich verachtet, soll beschämt werden«. Wer also nur Ehre um der Ehre willen sucht, wird sie oft nicht finden.

Satz des Tages: Besonders wenn wir eine Führungsrolle einnehmen, kommt es auf Bescheidenheit an.

Zum Nachdenken: Welche Fehler habe ich in meiner Führungsrolle gemacht? Konnte ich diese Fehler zugeben?

Meine Notizen:

Baruch ata Adonai,
eloheinu melech haolam,
ascher kideschanu bemitzwotaw
wetziwanu al sefirat haomer.

בָּרוּךְ אַתָּה יְיָ אֱלֹהֵינוּ מֶלֶךְ הָעוֹלָם,
אֲשֶׁר קִדְּשָׁנוּ בְּמִצְוֹתָיו,
וְצִוָּנוּ עַל סְפִירַת הָעֹמֶר.

Hajom schmonah we'arba'im jom,
schehem schischah schawuot
weschischah jamim laomer.

הַיּוֹם שְׁמוֹנָה וְאַרְבָּעִים יוֹם
שֶׁהֵם שִׁשָּׁה שָׁבוּעוֹת
וְשִׁשָּׁה יָמִים לָעֹמֶר.

Gelobt seist du, Ewiger, unser Gott,
der uns durch seine Gebote geheiligt hat
und uns aufgetragen hat, die Tage der Omerzeit zu zählen.

Heute ist der 48. Tag,
das sind sechs Wochen und sechs Tage der Omerzeit.

SEFIRAH DES TAGES:
Jesod schebe Malchut

Verbindung/Fundament in Beherrschung

יְסוֹד שֶׁבְּמַלְכוּת

Die Redewendung »sich biegen statt brechen« beschreibt die heutige *Sefirah* sehr gut. Grundfesten sollten, auch wenn sie fest sind, flexibel bleiben, so dass sie sich den Gegebenheiten anpassen können. In manchen Regionen der Welt spielt dieses Prinzip auch in der Architektur eine große Rolle. So gibt es in manchen Regionen Hochhäuser, die bei Erdbeben ins Schwingen geraten, um nicht einzustürzen. Auch für Menschen gilt es, die Fähigkeit der Resilienz zu entwickeln, sich den Gegebenheiten anzupassen und mit ihnen zu fließen, anstatt sich gegen sie zu stemmen. Auf der Zielgeraden zu Schawuot werden wir darauf hingewiesen, dass es wichtig ist, wenn wir die Torah empfangen, auch flexibel genug zu sein, deren Botschaft anzunehmen und in unser Leben zu integrieren. *Jesod* gibt uns heute das feste Fundament, auf dem wir flexibel stehen können, um *Malchut*, das ja auch für die göttliche Präsenz in unserem Leben steht, empfangen zu können. Heute spielt auch der Aspekt der Verbundenheit mit anderen eine Rolle. Wir sind zwar alle unabhängige Individuen, trotzdem sollten wir auch mit anderen verbunden sein. Wenn wir sicher in uns selbst ruhen, ein starkes Fundament haben, können wir unsere Bindungsfähigkeit beherrschen lernen.

Satz des Tages: Wenn ein starkes Fundament vorhanden ist, ist es möglich, mit dem Lebensstrom zu fließen.

Zum Nachdenken: Wie ist es um meine Resilienz bestellt, gelingt es mir, im Leben flexibel zu sein? Wie gut gelingt es mir, mich mit anderen zu verbinden? Ruhe ich in mir selbst, so dass ich mir selbst und meinem Gegenüber in einer Beziehung Raum geben kann?

Meine Notizen:

TAG 49 DES OMER-ZÄHLENS, 5. SIVAN

Baruch ata Adonai,
eloheinu melech haolam,
ascher kideschanu bemitzwotaw
wetziwanu al sefirat haomer.

Hajom tisch'ah we'arba'im jom,
schehem schiv'ah schawuot laomer.

בָּרוּךְ אַתָּה יְיָ אֱלֹהֵינוּ מֶלֶךְ הָעוֹלָם,
אֲשֶׁר קִדְּשָׁנוּ בְּמִצְוֹתָיו,
וְצִוָּנוּ עַל סְפִירַת הָעֹמֶר.

הַיּוֹם תִּשְׁעָה וְאַרְבָּעִים יוֹם
שֶׁהֵם שִׁבְעָה שָׁבוּעוֹת לָעֹמֶר.

Gelobt seist du, Ewiger, unser Gott,
der uns durch seine Gebote geheiligt hat
und uns aufgetragen hat, die Tage der Omerzeit zu zählen.

Heute ist der 49. Tag,
das sind sieben Wochen der Omerzeit.

SEFIRAH DES TAGES:
Malchut schebe Malchut

Beherrschung in Beherrschung

מלכות שבבמלכות

Heute ist der letzte Tag des Omer-Zählens. Die *Sefirah* des heutigen Tages vereint noch einmal alle Aspekte der vergangenen Wochen in sich. Wir können uns am letzten Tag fragen, inwieweit es uns gelungen ist, Großzügigkeit, Mitgefühl, Durchhaltevermögen, Disziplin, Bescheidenheit, Verbundenheit mit anderen und das Einnehmen unserer einzigartigen Rolle im Leben in unserem Leben umzusetzen. All diese Aspekte sind auch Attribute des Göttlichen, die wir nachahmen sollen, um das Göttliche im Alltag für andere erfahrbar zu machen. Gleichzeitig lässt die Arbeit an diesen Aspekten das Göttliche auch für uns selbst erfahrbar werden und kann uns selbst näher zu *Malchut*, der göttlichen Präsenz in unserem Leben, bringen. Die Zeit des Omer-Zählens kann uns helfen, innere Freiheit zu entwickeln, unser menschliches Potenzial voll zu entfalten und unsere Triebe und Leidenschaften beherrschen zu lernen. Die Gabe der Torah an Schawuot verkörpert dabei alle diese Aspekte der inneren Freiheit. Das Omer-Zählen mag enden, aber unsere Aufgabe zu wachsen und anderen zu helfen, ebenfalls ihr Potenzial zu entfalten, endet erst, wenn wir diese Welt verlassen.

Satz des Tages: Wir können innere Freiheit erlangen, indem wir die *Sefirot* der vergangenen Wochen in unserem Leben umsetzen.

Zum Nachdenken: Was nehme ich vom Omer-Zählen mit in den Rest des Jahres? Mit welcher *Sefirah* bin ich gut zurecht gekommen? Mit welcher *Sefirah* habe ich mich sehr schwer getan? Was für Veränderungen habe ich in der Natur beobachtet? Welche persönlichen Themen, die mich zu Beginn des Omer-Zählens beschäftigt haben, konnte ich mittlerweile klären? Welche Themen beschäftigen mich immer noch? Was bedeutet innere Freiheit für mich?

Meine Notizen:

חג שבועות שמח

LITERATURHINWEISE

Freed, Marcus J.: *The Kabbalah Sutras. 49 Steps to Enlightementment*, Los Angeles: Freedthinker Books, 2019.

Goldfeder, Gavriel: *The 50th Gate: Tracking Our Growth Through The Counting Of the Omer,* s.l.: Alternadox Press 2020.

Goldschmidt, Lazarus; Jeremy Adler, *Der Talmud - die Sprüche der Väter* (Kleine Bibliothek der Weltweisheit 25), München: C.H. Beck, 2009.

Guski, Chajm (Hg.), *Talmud.de. Digitales Judentum.* https://www.talmud.de/(Zugriff Jan 2024).

Kantrowitz, Min: *Counting the Omer: A Kabbalistic Meditation Guide*, s.l.: Gaon Books, 2009.

Torah und Propheten. Die Torah nach der Übersetzung von Moses Mendelssohn, Revision 2015, London: JVFG, 2015.

ABBILDUNGSNACHWEIS

5 Omerkalender, Deutschland 19. Jh. Das Original befindet sich im Museum der Stadt Miltenberg. Photo: A.M. Boeckler, Köln 2021.

6f AdobeStock Image 516799844.

12f, 30f, 48f, 66f, 84f, 102f, 120f ©JVFG; Grafik Lebensbaum Hana Gross.

138f AdobeStock Image 269917125.

LESEZEICHEN

Die nebenstehende Grafik, die Psalm 67 zeigt, kann aus-
geschnitten und als Lesezeichen verwendet werden, so dass
man den aktuellen Tag stets schnell aufschlagen kann.
Es ist ein Brauch diesen Psalm, der 7 Sätze enthält, entsprechend der Wochen der Omerzeit, und der im Hebräischen
aus genau 49 Wörtern besteht, entsprechend der Tage der
Omerzeit, vor der Omerzählung zu rezitieren.

PSALM 67

Gott sei uns gnädig;
geb' uns Seinen Segen,
und lass Sein Antlitz
uns erleuchten.

Dass man auf Erden
Deinen Weg erkenne;
unter allen Völkern Deine Hilfe.

Dir huldigen die Staaten, Gott!
Dir huldigen die Staaten, alle.

Nationen freuen sich
und jauchzen,
dass Du gerecht
die Staaten richtest,
regierst auf Erden alle Reiche!

Dir huldigen die Staaten, Gott!
Dir huldigen die Staaten, alle.

Das Land gibt sein Gewächs;
uns segne unser Gott.

Gott segne uns,
und ihn verehre alle Welt!

Dem Sangmeister auf Neginot, Psalm zum Saitenspiel.

Notizen